中華藝術導覽
兩宋名畫精華

何恭上編著　藝術圖書公司印行

兩宋名畫精華

目錄

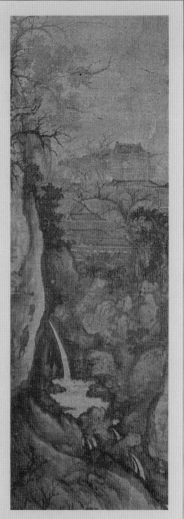

導論：【中國兩宋繪畫】

梧竹池館圖　南宋　夏珪
冊頁　絹本・水墨

9

西元九五九年六月，陳橋兵變，趙匡胤黃袍加身，建立宋朝，取代了孤兒寡婦的後周，也終結了兵禍連年、紛擾不已的五代。

北宋畫院多花鳥人物畫家

趙宋採取中央集權式的統治，獎勵文學藝術，從第二代皇帝太宗趙光義起，就徵調西蜀、南唐的著名畫師到汴京。到了徽宗趙佶，不但設立畫院，皇帝本人還點染丹青，而且成就非凡，因此造成北宋輝煌的藝術風氣。

北宋的畫院多延聘花鳥人物畫家，以迎合皇帝的喜愛，而院外畫家以山水為重。

南宋畫院重寫生求形似

南宋雖然偏安一隅，但因高宗的極力提倡藝術，繪畫的興盛仍然不減於北宋，並且仍然延續舊制，設立畫院。南宋畫院中的繪畫特點是注重寫生，力求形似。山水畫方面，南宋的青綠山水代替水墨，筆法纖細工整，敷色艷麗。

宋朝末年，國勢衰微，加以北方遼與金崛起，故時為外族侵略，後來更為強悍的蒙古人所統治。蒙古人入主中原，建立了元朝。由於文化水準低落，雖然用武功統治了中國，但是在文化方面逐漸為我漢民族所同化。

元朝文人畫用筆傳神寫心

蒙古人本是遊牧民族，只重武功，對文藝不知提倡，廢除了畫院，很多畫家受異族統治。文人開始寄情於繪畫，繪畫傾向與文學結合，致使文人畫出現高超藝術技巧，繪畫由客觀轉入主觀，由自然的再現轉入自我的表現，畫家並不「寫景」而「寫心」了。

元朝的文人畫不像前人以圖畫遣興而是以寫愁寄恨為主，文人們在生不逢辰的悲憤狀態中，畫筆所塗的遠不如宋朝工整，相反地多蒼鬱、多狂怪、多野逸，寫愁寄恨完全以自主觀念。

元朝畫家多愛用乾筆擦皴，淺鋒烘染，思想豪放，筆墨簡逸，無論山水人物、草蟲鳥獸，不像以前重寫生求酷似，而是憑心中虛構，用筆傳神，不求「形」而求「神」，講究筆墨的神速意趣。繪畫愛以田野風景為題材，喜歡畫些墨蘭、墨竹一類的東西。

元初分宋代院體派與寫意派

元朝初期繪畫可分兩派；一是宋代院體派，也是宋朝遺民畫家所作，繪畫皆兢兢以復古精神為重；一是寫意派，作風比較淋漓奔放。前者宋代院體派時間很短，而寫意派畫家多屬個性野逸，借助筆墨來寫天地萬物，以自我陶醉為重，用墨的濃淡，設色的輕重，全憑主觀。

元末清虛淡泊瀟灑超逸

元朝末年由於江南道教盛行，一般
文人畫家受了道教出世思想的影響，
產生一種清虛淡泊瀟灑超逸的風格。
這種影響所及，大家都愛畫四君子、
雅石一類題材，尤其是竹石，可謂空
前。因爲竹象徵清節勁風，畫墨竹可
以寫情寄意。

一般都說：中國繪畫重心在宋朝，
但元朝的畫可說是中華民族精神寄託
所在。因爲元朝畫家大部分是宋室的
遺老，他們立志不與異族合作，大家
又不能沒有一種掩飾的護膜，來遮蔽
異族的眼光，於是遁跡空門的，大都
是有志之士，他們隱身於畫上，因此
使元朝繪畫呈現異樣光輝。

壹

【兩宋繪畫】

雲峰遠眺圖 南宋 夏珪
冊頁 絹本・淺設色

13

理想美山水畫

依據中唐水墨畫而啟發的寫意性的所謂「胸中山」，畫家努力把「山」的感受擺在心中，而不是把「眼」中所見「山」畫到紙上，那是經過純化的胸中之壑，不是景而是畫。

松澗山禽圖 南宋 佚名
冊頁 絹本‧淺設色 25.3×25.3cm
北京‧故宮博物院藏

水墨畫誕生於中唐與晚唐之間，它對於我國繪畫的趨勢有顯著的影響。水墨畫的成立因素，首先在於否定漢、六朝以來最重視的線描，並提供新穎的描寫形式，致使我國繪畫更顯豐富與華采。同時，就寫意的表現方法而言，水墨畫是最適宜的，因而自此以後的繪畫樣式，完全從寫景邁向寫意的新境界。

由於水墨畫的興起，自唐末開始，經過五代，到宋初。除了舊派的一些職業畫家以外，畫家再也不能僅靠繪畫技巧的熟練便可繪畫。因為除了熟練的畫技，還需要具備豐富的精神內容，廣大的識見和深厚的知識。換言之，畫家需具備自己的世界觀。

因此畫家不再以親眼所見的自然，依樣畫葫蘆的再現於畫紙上，倘若如此作畫，便失去境界的意味。時代對畫家的要求，是把自然經過美化，理想化，然後把所得的景象再現，也就是追求映於心象上的理想之美。

寫意與寫生、理想化

我國的繪畫，有很長的時間耗費在尋求寫實性與理想性之上。譬如，從六朝至唐代所盛行的描畫神仙和山水，就某一個角度衡量，它是把自然給予理想化，它是追求理想性的繪畫。不過，依據中唐水墨畫所啟發的

寫意性而得的所謂「胸中山」，是畫家努力把「山」的感受擺在心中，而不是把「眼」中所見的「山」畫到紙上。也可以說是把理想主義的製作法，更推進了一步。

從此以後，我國的繪畫逐漸調和寫意性、理想性、寫實性，同時藝術內容也更見豐富。北宋的山水畫，正是最好的範例，至於宋代的花鳥畫，同樣離不開此一原則。

試舉花鳥畫為例，基於寫意的水墨畫法，像徐熙的花鳥畫風；與以傳統的鈎勒填彩法為基礎，擅長於寫實表現的黃筌的畫風。當我們從這二者之中看出一致的共同點之際，我國的花鳥畫已達到足以誇稱深具極高藝術內容的境地。

就寫意與寫生、理想化的觀點來概觀宋元繪畫，若以五代宋初做藝術的高揚時期，那麼北宋後半段是達到頂點的時期，南宋是衰退時期，元代是寫意性與寫實性失去的時期，也可以說是下一代飛躍進步的準備時期。

水墨畫法的高揚與沉靜

假定北宋時代是宋元繪畫，也是中國繪畫史上的頂點時期，也是黃金時期，理由有二：第一是寫意與寫實，或是說理想主義的表現，顯示了完全的調和；第二是繪畫技法上，它也是

萬壑松風圖（局部） 五代／北宋 巨然
萬壑松風圖 五代／北宋 巨然
立軸 絹本・水墨淺色 77.5×200.7cm
上海博物館藏

表現急激進步的時代。

反過來看南宋時代，如果除去末期才抬頭的釋禪繪畫，它是一種畫院繪畫，亦是以職業畫家為中心的繪畫。北宋時代所顯現的調和之美已被破壞，呈現著異常變遷。

再者，北宋是鑑賞者、批評家、畫家等三者協調的時期，繪畫受到高尚的批評精神所支持的時代。

至於南宋時代，絕大多數有教養的人都認為「繪畫是賤者之所為」，繪畫的品評也隨著降低水準而成為低潮。應該站在指導的先頭地位的文人、士大夫，對於繪畫都三緘其口。因此南宋的繪畫變成少數宮廷人士或富貴人家的裝飾品，其藝術內容自然低下了。

南宋畫院缺少像北宋時代的徽宗、米芾等優秀的指導者，更沒有人像徽宗那樣的竭力提高職業畫家的教養。況且北宋末年的院體畫努力的造形理念——在繪畫上注入詩的情趣——，被南宋那些教養淺薄的院人做了表相的解釋，並且認為那是最簡單而容易的表現方法。

而且當時的畫工，不是托父兄的餘蔭，便是經由高官推薦而入選，結果出現許多畫技低劣者，並且逐漸形成為不懂理想主義的表現，不理解寫意的表現，只是畫技低劣的畫工集團。

柳溪書屋圖　南宋　蕭照
團扇　絹本・設色

寫意與寫生的釋禪畫家

　　南宋時代的繪畫中，唯有一部分釋禪畫家的作品，符合了寫意與寫生兩原則。雖然他們曾嚴格地追求水墨畫的本質，但為何此種水墨畫竟能在禪宗教團中生根，倒無法明瞭其緣由。

　　據推測，可能是北宋時代的文人、士大夫所思慮的繪畫理念，以及它的表現方式，以某種形態傳承於教團中

吧？況且禪僧的心情，和以逸趣的水墨畫表現內容，或多或少有其相通之處，因而釋禪水墨畫才盛行一時。

　　再從描寫形式的地方性來看，釋禪水墨畫家所活躍的浙江一帶，自唐朝以來便是水墨畫的傳統根深蒂固的地區。因此可想像到，釋禪水墨畫是深受此種地方性畫法的重大影響所致。

　　不過，若以南宋末當做一個頂點，

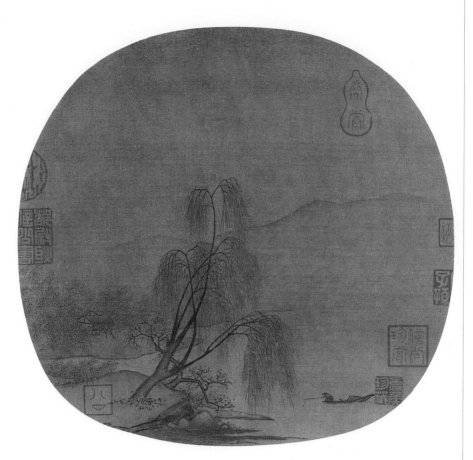

青波釣艇圖　南宋　佚名
團扇　絹本・設色

釋禪水墨畫倒沒有繼續下去。就各式各樣的繪畫類型、流派來說，釋禪畫的高揚期也同樣地非常短促，一旦過了高揚期，立刻呈現急速下降的曲線圖。尤其釋禪繪畫似乎是隨禪宗教團的變質而發生變化，到了元代，它也忘掉水墨畫的本質，變成單純的墨戲而已，唯有水墨技法像皮毛似的流傳下來。

理想化山水游離自然景象

到北宋時代還十分明顯的山水畫的地方性，在宋室南渡後，也隨著急速的消滅。這個結果，產生了某種理想化的山水畫，但已游離自然景象，製作了許多缺少寫實性的作品，並傾向於粉本或古畫的模倣描寫製作，形式化的趨向更加強烈。南宋院體山水畫，早已表現此種現象，至於元代繪

雪麓早行圖　北宋　佚名
立軸　絹本・水墨設色
雪麓早行圖（局部）　北宋　佚名

畫的復歸北宋的運動也有這種傾向。

經歷宋元兩代而堅持不變者，乃是浙江一帶的水墨畫法。這個水墨畫法曾藉釋禪水墨畫法而開展，並給予江南的水墨花卉畫很大的影響。特別是在元代，曾與院體山水畫風，李唐、郭熙派的山水畫風，米家的山水相結合，並創造出種種作品，成爲明代浙派的前驅形式。

這樣地把宋元繪畫考察一番，可見宋元時代是寫意性和寫實性，水墨畫法的高揚與沉滯，士大夫、文人或釋禪畫家等等的參雜，時而高揚，時而沉滯，產生了種種樣式和描寫形式。尤其是我們易於目睹的明代以後的多數作品，其樣式、筆墨法等所謂「範式」，幾乎都在這一時代出現過。

我國繪畫的造形理念，自此以後亦無什麼創新可言。宋元時代的繪畫所以獲得極高的評價，不單是這時候的藝術品質很高，同時也如上所述，它在繪畫史上擔任了極重要角色所致。

荊・關的餘韻

宋畫山水，尤其北宋，五代荊浩、關仝的遺風仍熾，像「雪麓早行圖」，北宋畫家，皴法完全是荊浩，樹法則關仝，但結構雄偉，飛瀑流泉，樓台亭閣，茆簷草舍、人物鞍馬，皆取五代山水精華於一爐，亦復不在荊・關之下。

董‧范‧李的山水畫

　　董源、范寬、李成的山水畫，董源的南宗畫派以平原水鄉取景，范寬則以陝西山岳地帶做描畫對象，李成是以黃河下游地帶的北國風物做畫題，他們展現中國山水畫豐富面貌。

秋林飛瀑圖（局部）　北宋　范寬

秋林飛瀑圖　北宋　范寬
立軸　絹本・墨畫　99.5×181cm
台北・故宮博物院藏

唐末至五代，是我國社會動蕩不定的時期。在此動搖期中的江南和蜀國，是藝術上最發達最有成就的。唐末，僖宗入蜀，有許多宮廷畫家伴隨著進入，因此四川一帶便有所謂「唐朝宮廷樣式」的繪畫，盛極一時。另一方面，江南以南唐成熟的文化做背景，進行盛大的繪畫活動。

後蜀與南唐

自然地，南唐的繪畫也有像蜀的繪畫一樣，跟宮廷產生密切的關係者，但最具有江南特色的畫風，並給予後世有絕大影響的諸樣式，倒不是產生於跟宮廷的關係上。譬如，後來被尊為南宗畫之祖的董源，究竟是否像史書所傳，跟宮廷貴族有密切關係，還是可疑的。他可能是把中唐以後依存於地方性繪畫技法的水墨技法，當做基本的描寫形式，創造了山水畫吧！

董源、范寬、李成的山水畫

北宋的沈括，在「夢溪筆談」中，曾這樣批評董源的畫：「大體源及巨然畫筆，皆宜遠觀，其用筆甚草草，近視之幾不類物象，遠觀則景物燦然」云云。這種評語，用披麻皴或胡椒點而描出的現存的董源模仿畫來看，却有相當顯著的異樣內容。

就他在五代宋初，把水墨畫導入山

水畫的過程，再考慮前述的評語，就像在「寒林重汀圖」可看到的，以粗放的水墨技法所創造的作品，才是眞正的董源畫的本來面目吧！

　　與南方的董源相對，差不多在同一時代，我國北方形成兩種山水畫的畫風。一是以陝西的山岳地帶做描畫對象的范寬；一是以黃河下游地帶以北

的風物做畫題的李成。

　　把視點放高，並藉澈墨描畫主山，構成威壓勢態的范寬山水畫「谿山行旅圖」，是有意在畫面上設定觀賞者和主山之間的廣大空間。他的山水畫被評爲：「從遠處望了，人亦似在山中」，其原因正是巨大的主山前面所橫列廣大空間，把觀賞者包含在內，

夏山圖（局部）　五代　董源
長卷　絹本・淺設色　全畫49.2×311.7cm
上海博物館藏

整個景境似乎向觀賞者行來所致。

李成的平遠山水

李成的平遠山水，又與此異趣。他有意把起伏的黃土高原或丘陵，盡目力之可能收納於畫面上。但他又給人「惜墨如金」的感覺，愛用極少量的墨汁，藉淡墨擦筆的描法構成全圖。

對范寬的畫那種擁含觀賞者的空間構成相比，李成的畫是重視深遠的表現意欲勝於空間的增大，因此景境相反的離人而遠逝。

李成的畫是不設主山的，只把近景的樹木等物配置於側下方，並把前景、中景、遠景的大小之比增大，在乾燥清澈明亮的大氣中，前景樹木，

25

雪山歸獵圖（局部）　北宋　佚名

雪山歸獵圖　北宋　佚名
立軸　絹本・水墨・設色　99×155cm
安徽省博物館藏

點景之間所描畫的遠景、丘陵、平原，強調其無限的深遠。

宋初傳統派的山水畫

就對後代的影響而言，雖不能和李成、范寬、董源相比，在繪畫史上仍然很著名的，有荊浩和關仝兩人。據說，荊浩是關仝、范寬之師，但找不出明確的證據，至於關仝是和李成、范寬並名為宋初三大家。但他們的作品，到現在幾近於絕跡，所以也無法充分了解其畫風。

北宋末年的郭若虛，曾在「圖畫見聞志」中，對關仝的畫做這樣評語：

「石體堅凝，雜木豐茂；臺閣古雅，人物幽閒」。並說運用墨摺以描畫樹葉，筆跡蒼勁有力。很多人說他的畫像王維。

綜合這些評語，可推測關仝的畫，是以勁直的墨線，描寫兀立的山峰幽谷，仿唐朝作風的小簇樹叢、畢宏、韋偃的松樹，配以樓閣等。

杜甫「雙松圖歌」中曾有：「天下幾人畫古松，畢宏已老韋偃少。」的詩句，具有強烈傳統性的山水畫。又可以說，關仝可能以李思訓、李昭道父子為代表的唐朝山水畫，再稍微加上水墨畫風的保守性山水畫樣式吧！

關仝唐風的傳統技法

關仝雖遵守唐朝畫風的傳統畫技，但對於五代宋初畫壇的一般傾向水墨技法，仍有相當的攝取與接受。「蓋全之所畫，脫略毫楮，筆愈簡而氣愈壯，景愈少而意愈長。」這一句話是北宋時代對關仝畫的評語，這也是暗示關仝對水墨技法的接受吧！筆數的節約，通常可藉墨汁的使用而補充；景境的省略，即與寫意性的增大互為表裡，而可加深畫外之趣。

被認為屬於保守派的關仝，竟無法避免水墨畫法的影響，甚至深解水墨技法的個中三昧，並表現於其山水畫上，與號稱獲得山的骨法的范寬，獲得山的神韵的董源，和獲得山的形態的李成等三大家的山水畫相比，關仝是絲毫不遜色的。

大氣和光線・自然景象的遷移

五代宋初以後的山水畫發展，可以說明幾樣描寫形式上的進步。一是由於水墨技法的進步，使大氣的表現成為可能；一是畫家對於光線的意識強化，明暗表現急速發達；一是藉水墨表現四季變化，自然景象的遷移。

雖然能證明此種進程的適切作品例子不多，但仿燕文貴筆「江山樓觀圖卷」，或郭熙之先的李迪的「瀟湘圖」的出現，倒可用來當做證明。況且以

此類山水畫的進展為基礎，進而形成藝術理論的郭熙的「林泉高致」，其中所論者不外是此等事情。

郭熙與綜合樣式的成立

前面曾述及，北宋時代在各地成立的山水畫風，彼此之間好像完全沒有交流。北方山水畫的李成、范寬兩派，彼此間亦如此，更何況屬於南方系山水畫的董源，跟北方系山水畫之間，更不易找出彼此相互影響的關係。

范寬以陝西做中心

范寬畫系是以陝西做中心，李成畫系流傳於河北、河南、山東等地，董源畫風在長江下游地方傳承。山水畫應該是追求自然的理想化，但另一方面，畫家自身又受平日目睹的自然景致所束約，這種事實在某種意義上，表示理想的山水樣式尚未完成。我國山水畫的理想形象，乃是從廣大範圍的自然景象中抽出的景象集積，再融化而創造理想之美。

李成系的山水為北宗代表

李成以後，到北宋末的郭熙，北方系山水畫家有模仿李成畫的李宗成、翟院深等人，其畫風倒無可論述。從治平（1064～67）至熙寧（1068～77）為下限，活躍一時的許道寧，雖被稱為

溪山樓觀圖（局部）　北宋　燕文貴
長卷　絹本・水墨淡彩　全畫31.3×160.5cm
日本・大阪市立美術館藏

秋江漁艇圖（局部） 北宋 許道寧
長卷 絹本・水墨淡彩 全畫48.9×209.6cm
美國・堪薩斯尼爾松畫廊藏

李成、燕文貴系的畫家，但據同時代
文人的詩文，稍微可想像其畫風。

許道寧的作品，是在數尺的畫面中
壓縮著萬里的景物，並非單純的把自
然景物再現於畫布上，因此充分表現
運用粗放的水墨技法，以及寫意性甚
強的畫風。大自然受了壓縮，似崩的
山特意大寫，並在其間以細緻的筆調
描寫點景人物。

北方系山水畫特色

此種粗縱、謹細的筆墨法，所構成
此種畫面，形成爲北方系山水畫的特
色，也成爲以屏壁畫爲代表的大畫面
山水畫風。唐朝的青綠山水所顯示的
裝飾性，已由墨的諧調，筆墨的強弱

秋山琳宇圖（局部）　宋　燕文貴

秋山琳宇圖　宋　燕文貴
立軸　絹本・設色　58.4×165.5cm
台北・故宮博物院藏

對比，產生新穎的裝飾性效果。

增添此種既往的成果，並完成北方山水畫樣式的統一者，正是郭熙這個人。做爲畫家，他留下了許多優秀的作品，給予後代極大的感化和影響。然而他根據深刻的作品分析，提出優異繪畫理論則應給予更高的評價。

他指摘我國山水畫不應永遠停留在自然景物的寫生階段，並爲藝術境界高尚的作品，指出其成立的幾項必備條件。他從畫家本身的人格內涵的提高與豐富，論述到做爲畫家所應習得的技術，全是獨到的論調。

「胸中山」的理念合一

試舉其一項爲例，他主張畫家應親自目睹衆多勝景，並描畫它以充實畫囊，然後綜合其業績來創作山水畫。山水畫既要最忠實於自然景物，又要所描畫的景境在任何地方都是找不到的。就眞的意義來說，它是經過理想化的。

它的理想是要跟「胸中山」的理念合一，因此後來的山水畫所具有的地方性，如今已不容許其存在，最低限度，北方系山水畫的一切，務必融爲一爐，形成新的創造。

胸中之山，離開現實？

不過，胸中之山，腦海中所描述的自然，往往離開現實，引起矛盾。因此為了除去此種矛盾和不自然，郭熙便提出具體的注意點，亦即山水畫成立基礎的構圖原理，而以「三遠法」表示之。

在我國山水畫上，畫家的視點是經常移動的，往往在同一畫面上，設有數個視點，試行把握對象。畫家對自然景象，設定仰視、水平視、俯瞰視，但絕不令人感到牽強不自然，很巧妙的組合在同一畫面上。

從郭熙的畫，可以看出他已把范寬畫的深遠性對象把握住，和李成畫的平遠形式，很技巧的調和成一體。巨大的主山與無邊際的平原、丘陵等，在同一畫面上表現完全不同的作用。范寬式的主山，迫近於觀賞者；李成式的山水，卻無邊際的遠離觀賞者。此等相反的構圖原理，卻能調和在同一畫面而不令人感到不自然。

郭熙着筆於四季變遷

同時，郭熙的畫對於四季的遷移，自然景象的色彩變化，朝夕的自然光線的變異，甚至大氣濕度等等，無不明確的意識到，並積極試行表現它的手段。

漁父圖　北宋　許道寧
卷　絹本・水墨　48.9×209.6cm
美國・奈爾遜・艾特京斯美術館藏

屬於北方山水畫系的郭熙，擅長於描畫冬或秋澄明空氣包圍下的自然景象，亦得力於此。此種描寫形式上的進展，使郭熙能夠畫出以濕氣而不透明光線爲特色的湖南洞庭湖景物。

畫家明確的意識此種明暗濕度的表現，正是這時代最特殊的特色。宋廸雖然缺少資料以證明，他是和郭熙一樣同屬於北方系山水畫家，但他却能巧妙的寫出以瀟湘八景做代表的湖南的濕潤景色。可能跟郭熙同時代的製作模仿徽宗，仿胡直尖筆調的四季山

水畫，或是李公麟的山水畫，也可供做此事的旁證。

北宋末這種山水畫的急速發展，乃是五代宋初以來的水墨技法的發展，畫家的自然觀的變化等，多種要素累積重合的結果。

不過，又可以說，宋初董源所作山水畫中，對於大氣的表現意識，約經過一世紀後，也隨著繪畫地方性的消滅，同時帶進於北方繪畫中。

南方山水畫的發展

和郭熙約略同一時代的米芾，以及其子米友仁，在樣式上屬於董源系，並且比郭熙更積極的選取濕潤景致做為作畫的對象。同時，北宋末南宋初的宗室系畫家們，還有所謂王維畫風的繼承者，無不對大氣表現，表示相當的關心。此種大氣表現、明暗表現，由郭熙等人推動，形成北宋末水墨畫共通的努力傾向。

北宋末的米芾源自董源

在北宋末的畫壇，留下巨大足迹的米芾，尚無足夠的資料足以證明他是學自董源的文人畫家。不過，他把所謂宋朝第一畫家的李成，視之卑俗，而把董源許之天眞爛漫，給予極高評價。依此而言，元代以來所說米芾屬於董源系畫家，錯誤定不會太多。

若相信米芾師法董源之說，然而卻不可把米芾、米友仁的山水畫風，跟後代所謂「米家山水」的由米點描畫而形式化的山水畫，相提並論，這是極不適當的。

瀟湘奇觀圖（局部）　南宋　米友仁

長卷　絹本・水墨　全畫19.8×289.5cm
北京・故宮博物院藏

雲山圖（局部）　南宋　米友仁
長卷　絹本・設色　全畫43.2×194.3cm
美國・克利夫蘭美術館藏

米芾的畫是極粗放的，他時而用甘蔗渣，偶爾用蓮蓬，以代筆作畫，同時又與中唐的逸格水墨畫法，或牧谿的山水、人物水墨畫極為近似，也是最近合「米顛」之稱的奇狂畫法。

米家山水與米點描畫

米芾對北方系山水畫，幾乎從不表關心，因而可能是從描寫自然的諸景象，再構成於畫面上，使人感到他接近於北方山水畫的創意。他的對照法（Antithesis）是把江南的自然景象，藉粗放的水墨畫法明實地再現在畫面上，因而又與董源有同感之點。

米芾父子的作品現已佚失而無存，但根據考證，他的山水畫樣式，或許可從被稱做董源筆調的「寒林重汀圖」，佚名的「瀟湘臥遊圖卷」，還有比當時代稍遲的仿牧谿筆調「瀟湘八景圖卷」等，所聯結的樣式系譜中去理解。況且在江南，尤其以浙江為中心的水墨畫法，亦應加以考慮其關連之處。

北宋畫院山水畫

北宋畫院的山水畫家，包括燕文貴、許道寧、
關仝等畫系山水畫家，但經過宋徽宗改革後，
山水畫家除注重寫生外，也注入人性，畫面洋
溢詩情，但也深深帶着畫家感情。

北宋畫院在同一時間之內，有燕文貴系、許道寧系、關仝系等種種畫系的畫家，進行自由自在的創作活動。可惜這些畫院畫家的作品幾乎全沒流傳下來，不可能從他們的山水畫中抽出所謂「畫院體的樣式」，更何況文獻資料又貧弱不足爲賴。

北宋畫院進行自由自在創作

郭熙在神宗時的畫院當藝學，又在哲宗時的畫院任待詔，漸爲畫院山水畫定下一個方向。不過，當時的畫院只不過是職業畫家中，筆技卓越之士的集團而已，因此郭熙所提倡的繪畫理論，究竟受到那些程度的理解與認識，仍有疑問。

而師法郭汾陽，具備文人教養於身上，並擁有士大夫、文人等廣大範圍的理解的郭熙，就畫院畫家來說，是屬於異色的。

因此，郭熙的山水畫理論和其藝術的內容，仍然乏人繼承，唯有外表的諸形式受到傳承，並隨宋的南渡，急速的變化成浙江的地方樣式。另一方面又可看到，郭熙在畫院完成的北方系山水畫風，再度起了分離的傾向。

宋徽宗改革畫院

宋代畫院的改革，是徽宗發起的。當時應宮廷之召而來的畫工，俗人性過於強烈，使藝術至上主義者的徽宗極爲不滿，成爲改革畫院的直接原因。崇寧三年 (1103)，畫院改革開始，政和 (1111-18) 年間，開設「畫學」 (如現在的繪畫學校)，並用太學的考試方法招募學生。考試的目的，自然是欲把畫工之藝的繪畫，提高程度和內容，使之能供有教養的文人、士大夫鑑賞。米芾所以成爲最初的書畫學之長，其理由可能亦在此。

徽宗畫院和書畫學，重點放在空白的設定，還有洋溢於畫面上的詩情表達方面，並不重視由平遠、深遠、高遠等三遠法所構成的緊密畫面。

促使郭熙的山水畫樣式成立，范寬的畫爲最大的契機，又經李唐做爲中介，給予南宋院體畫風極大的影響。威勢壓迫的主山截斷成縱，而置於畫面的側方，這又成爲馬遠、夏珪派的邊角寫景重要主題。

再說，郭熙所歸納而成的李成系畫風的平遠形式和深遠的表現意欲，如今被不加描畫的空白所取代。過去北宋的山水畫家們所努力試行的強烈造形意念——在大畫面上刻畫巨大的空間，南宋畫院的畫家不再嘗試，反而逐漸運用精密法的變化以構成巨大空間，並藉此以表現深奧感的畫法變成爲不可能。

貴族畫家的小景畫

　　南宋院體山水畫風的形成，正如前面所述，雖受郭熙山水畫樣式分解的很大影響，但就其裝飾性或是墨法而言，却不能忽視其所受宗室貴族畫家們的影響。由於宋朝的律法禁止宗室貴族遠遊，結果大多數的宗室畫家，便不可能從眾多的自然景物中選取對象，以創作理想的大畫面山水畫。

　　他們只好把所謂王維、李思訓等畫的唐朝山水畫，當做一個典範，再從身邊的自然景物獲取靈感，藉以進行作畫。他們所得意的「小景畫」，充分表現著景境的狹小，並用王維那種微妙的筆墨法，來描畫此種狹小的自然景致。郭熙的潑墨法或是筆線的累積重疊，務必謹慎而細心進行。

　　以青綠山水為代表的李思訓的畫，也是貴族畫家們所激賞的。此種青綠的鮮艷色彩，一旦轉換為墨，便可產生輝映的墨面交錯，變成裝飾性強烈的山水畫。

貴族宗室山水畫自然流入畫院

　　若自南宋的畫院是附屬宮廷的機構的觀點來說，將可推測除去郭熙或李唐樣式之外，這些貴族宗室山水畫的兩種樣式，自然亦流入畫院中。

　　南宋畫院的山水畫，內容含括著幾項從成立當初就必然要踏上衰退之途

雪景圖　宋　李唐
團扇　絹本・水墨淡彩　直徑24.5cm
日本・大阪市立美術館藏

的重要因素。其中之一，乃是由郭熙所推動，並隨宋室的南渡成為決定性關鍵，那就是山水畫的消除地方性，其結果便是觀照自然景象的意欲的衰退。筆墨技法是再現北方自然景象最適切的表現手段，但如用來描寫以浙江為中心的江南的自然景象，必會產生若干困難。

正如明末的批評家所說，南宋畫院的畫家們所作山水畫，雖不一定是表示錢塘江附近的自然景觀，但最低限度也已表現了包圍著他們的江南自然景象，若以北宋以來畫院的墨法做為描寫的手段，那是不十分適合的，因此為了表現大氣，空白所佔的畫面比例便隨著增大。

其次，畫院的指導方針，又有其根本的缺陷存在，那就是院人在製作之際，務必先提出畫稿以接受指導。當時缺少像米芾、徽宗等一流指導者的南宋畫院，畫稿的呈示，反而促成畫家個性的消失，繪畫品質低落。尤其是那些有權力者所介紹的畫工，不經考試而入院，更使此種傾向強烈化。

李唐斧劈皴遠勝色彩效果

南宋初期李唐的山水畫，是運用強烈而印象性深刻的斧劈皴，適切的表現岩石、土坡，輝煌的墨色呈現勝於多種色彩的裝飾效果，擦筆描又是氣

黃河遞流

秋水廻波

勢雄壯，絲毫不喪失水墨畫本來的性格。同時，在此種描寫法的背後，又可明顯地察覺到畫家那強烈的造形意欲，而不喪失畫家的個性。

再說像「金地院」、「久遠寺」的山水畫，多少表現著宗室貴族畫家的山水畫樣式，其對象的把握方法，或其畫面的構成，雖然依稀可看出與馬遠、夏珪畫上的相似處，但對於注視自然景象的畫家執拗的眼光，則完全和仿馬遠、夏珪的山水畫筆調相異，畫家仍保留著獨自的個性。

從李唐畫、「金地院」、「久遠寺」畫，可看出畫院繪畫所要求的詩情，洋溢於忠實描出的自然景致中，但後來的南宋院體山水畫，却一味想從空白中去尋求詩情了。

馬遠與夏珪山水畫形式

活躍於光宗、寧宗（1189-1224）的馬

流水圖（部分） 南宋 馬遠
册頁 絹本・設色 每圖26.8×41.6cm
北京・故宮博物院藏

竹澗梵香圖 南宋 馬遠
扇面 絹本・設色
北京・故宮博物院藏

遠和夏珪，是把畫面截斷成斜斜的一半，而在這裡大寫邊角形，至於遠景幾乎當做餘白，喪失描畫深遠貌的意志。所謂「馬之一角」、「馬之一邊」或「殘山剩水」的山水畫形式，便是指此而言。而且，他們在山峰或樹木上方，畫幅的上邊，通常都要留下空白，這雖然像在暗示廣大的空間，但並非表現山谷的全貌。北宋山水畫往往將畫幅上部切斷，藉以強調高山之高的意識，此兩者在大小上，是不可同日而語的。

角隅性構圖影響在野畫家

此種畫面的狹小性，勉強攀附詩情的傾向，不僅表現於長條幅或畫册等作品上，就是在原須取大觀的構成的橫卷上，亦可看到。在南宋時代可算爲重要山水畫家的馬遠或夏珪，的確可說是南宋院體畫衰退的過渡期上的畫家吧！

馬遠、夏珪派的角隅性構圖，及其安逸的作畫態度，迅速的影響及於在野的職業畫家，眾多馬遠、夏珪的追隨模仿者（Epigone）輩出。現代可看到的所謂南宋院體山水畫，多數是元代以後至明初之間這類畫家們的作品。特別是浙江地方的職業畫家們，更長遠的繼承此種畫風。

南宋在野山水畫

　　南宋的在野山水畫家，以牧谿爲首，這些僧
侶以逸趣自然，不必取悅君主，就因重視自我
抒發，對於水墨本質開始發揮，也給南宋繪畫
帶來新的變化、新面目。

秋嵐圖　南宋　佚名
團扇　絹本‧淺設色　直徑26cm
日本‧大阪市立美術館藏

當南宋畫院的繪畫，其品質走向下坡之際，在野的畫壇是個什麼情形，倒不十分明瞭。惟有從文集或禪僧語錄所提供的僅有資料，還有貧乏的遺例，如寧波佛畫等，約略推測一斑而已。

牧谿與玉澗的江南山水

禪宗宗教團體中，雖也產生如同北宋文人畫的粗放水墨畫傳統，但其傳統跟以牧谿或玉澗（曹仲石，法號若芬，字仲石，號玉澗），所代表的南宋末水墨山水畫的關係，倒殘留著難以解說清楚的問題。

如果假定隃城的李氏──替隱居浙江吳興的雲谷老禪僧描寫了「瀟湘臥遊圖」──是密切接近禪宗的畫家，那麼由董源、米芾、牧谿等人所構成的江南山水畫風系譜，如何滲透到禪宗教團的經緯自不難類推，可惜現在太缺乏此類資料，無從著手研究。

牧谿，法號「法常」，開封人，俗家姓李，號牧谿，是杭州長慶寺的和尚。其畫隨筆點墨而成，無古法，作品流入日本甚多，卒於宋孝宗淳熙七年（1180年）。

牧谿的「瀟湘八景圖卷」

南宋末出現的牧谿山水畫──現在尚存的有「瀟湘八景圖卷」，如果可以據此而推測，那麼他必將屬於上述董源畫系的畫家之一；再假定他的畫面是以浙江地方畫為主而完成的，那麼他一定受到浙江逸格水墨畫法的深刻影響。同時，臨安天竺寺的和尚玉澗的水墨畫法，必定是在和牧谿相同的狀況下完成的。

假如把此等畫僧們所作山水畫，認為是跟南宋院體畫對立概念之下形成為在野畫派，未免是太過於獨斷。不過，逐漸忘掉大氣、光線、濕度，並在陳腐的形式主義下，毫不感動的作畫的南宋畫院，若跟同系下的在野派畫家相比較，可以明白僧侶畫家們在認識水墨畫的本質上，已給予了南宋繪畫史一種新的變化！

業餘畫家的抬頭

宋代院體山水畫風，隨著南宋的滅亡，轉化為浙江地方樣式。同時，職業畫家的社會地位，也低落到不能與南宋時代同日而語。如果說南宋時代是以畫院為中心的繪畫盛行期，那麼元朝正與它相反，是文人士大夫的業餘畫家出現於畫壇表面的時代。

元朝墨翰林圖畫院的制度，雖似官家豢養畫家，主要是附屬於建築繪畫的畫工罷了。宋元間此種畫家身分的變化，也改變了畫家與其庇護者的關係。院體系的畫工，失去所謂宮廷的

53

廬山圖（局部）　南宋　玉澗
長卷　絹本・水墨　全畫35×62.5cm
日本・神奈川私人藏

漁村夕照圖（局部）　南宋　牧谿
長卷　紙本・水墨　全畫33×112.4cm
日本・東京根津美術館藏

保護者，流落到社會的各角落，因而可能跟畫佛師等人的地位相同。

再者，那些文人、士大夫等畫家，原先從事繪畫製作就是一種業餘性質，本人又是自由之身，況且如須保護者以援助生活，他們也很容易獲得。例如元末的文人畫家顧德輝就有不少援助者，同時各地的禪寺、道院，亦盡其庇護者的任務呢！

傳統的花鳥畫

　南唐徐熙的花鳥畫，趙昌寫生花卉，後蜀黃筌花鳥，是代表宋元前期，爲中國花鳥畫奠基，致使宋畫花鳥的全盛開展，也告訴世人這些中國花鳥畫家老祖先的功力之深。

花鳥畫也像山水畫的出現華北、華南的形式一般，有後蜀與南唐兩種對照性的畫風。唐末五代蜀地（四川一帶）的繪畫，呈現兩個面。

其中之一面，仍是唐中央文化流入蜀地，隨著而誕生的繪畫，是以富麗的色彩，正確描線的骨法爲主的描寫形式，在宗教繪畫或花鳥畫上，表現顯著的此種傾向。但亦受唐代大畫面形式的影響，而以寺院壁畫爲主的裝飾畫，發揮其最大的特色。

第二爲唐代韋偃所流傳，在唐末五代之間，再由禪月大師貫休，重新流入狂逸的水墨畫法。

不過，自五代宋初，蜀的繪畫全體來看，前者似乎較爲盛行，並且當時在中央所看不到的所謂宮廷樣式的繪畫傳統性，強烈的殘留著。因此，由黃筌及其一族而帶入宋代畫院的所謂「富貴體」的花鳥畫風，的確是據唐朝後半期所成立的花鳥畫風傳統，利用明顯的輪廓線，鮮艷的色彩，藉以表現作品。

南唐徐熙的花鳥畫

南唐徐熙的花鳥畫，正與後蜀黃筌的富貴體花鳥畫相對立，而有野逸之評。如果稱黃氏體爲鉤勒塡彩法，那麼徐熙的畫，便可稱做沒骨畫法吧！北宋末的批評家，曾比較徐熙與趙昌的花鳥畫，而批評徐熙毫無要求形似的意志。文人蘇轍又批評爲「落筆縱橫」！合併這些批評來看，徐熙的沒骨水墨畫，必定與唐末五代的江南逸格水墨畫法，具有相當的關係。

不過，關於徐熙在花鳥畫上所以得到「野逸」之評，另有一種解釋的可能，那就是清朝的優異批評家方薰的說法。他說那是徐熙對花鳥的把握方法，乃是在於充滿野趣的自然景象之中。所畫的花鳥，旣非失去花盒背景的花，也不是失去自然背景或大氣的鳥，完全是用大自然中飛翔的鳥，江畔野原的花，做爲描寫的對象。

離開大自然而製作的花鳥畫，便墮落爲只追求富麗的裝飾性作品，對此以色彩的艷麗，形態的近似正確爲追求目標來說，描述大自然景象下的花鳥畫，反而能表現其寫意性吧！

徐熙、徐崇嗣隔代的水墨花鳥

徐熙的水墨花鳥畫，到了孫兒徐崇嗣，變爲色彩的沒骨使用，表示近似於黃氏體了。若深信宋陶穀的「淸異錄」的記述，那麼徐崇嗣跟南唐宮室保持着密切的關係。因此徐熙至徐崇嗣的變化，正是對黃氏體的接近，那是徐氏體欲適應宮廷樣式所伴隨而來的結果了。

時至今日，已無法看到徐熙、徐崇

雪竹文禽圖　北宋　黃筌
冊頁　絹本・設色　23.6×45.7cm
台北・故宮博物院藏

嗣的作品，不過，北宋末的宗室貴族
畫家的作品，據畫史的記載類推，還
可找到一些模仿徐氏體的作品。同時
江南傳統的花鳥畫風中，可見到的多
數「蓮池水禽圖」，部分是傳自徐氏體
的描法。

黃家花鳥受宋太宗寵愛

　　北宋畫院認爲徐氏的花鳥畫是「粗
惡而不入格」，因而不加重視，江南出
身的畫家們，又僅以舟車、瀧水受到

當時的器重。另一方面，黃筌的弟弟
黃惟亮，和兒子黃居寀都進入北宋畫
院，尤其是曾獲得太宗的寵愛，自此
以後黃氏的花鳥畫風，便成爲畫院的
程式。

　　蜀出身的夏侯延祐，陝西出身的陶
裔等人，以畫院畫家而師法黃氏體。

寫生趙昌和徐熙花鳥畫對稱

　　以眞宗朝（998-1022）做爲活躍期的
趙昌，促使北宋中期的花鳥畫壇呈現

蓮池水禽圖　南唐／北宋　顧德謙
立軸　絹本・重彩

極爲熱鬧的場面。他又被稱爲「寫生趙昌」，其作品是和寫意的徐熙花鳥畫相對稱。

據蘇轍說，其畫法近似於徐崇嗣的沒骨法，米芾却稱他的畫「只配做酒店的隔間之用」，歐陽修亦批評爲「毫無古人的格致」。

從重視寫意性的批評家立場來看，他的畫被視之爲俗惡不堪；對輕視寫生的批評家來說，趙昌的畫却缺少嚴正的筆法。

不過，這些批評又暗示著，趙昌畫風成立在折衷徐氏黃氏二者之上。不管怎麼說，以正確骨法做描線，以及

富麗的色彩的立場來看，趙昌的畫未
能切合畫院體，自難與院體相結合。

　繼趙昌之後者，乃是易元吉，是以
北宋後半期的英宗朝（1064-67）做中
心而活躍一時的人物，但米芾稱許他

為徐熙後的第一人。從這時起，徐熙
的表現形式再度受到認識，同時自英
宗朝至神宗（1068-85）朝、哲宗（1086
-1099）朝，繪畫全盤性的變化，花鳥
畫也有相當的關係。

歲寒三友圖　北宋　趙孟堅
冊頁　紙本・水墨　31.5×48.3cm
台北・故宮博物院藏

竹蟲圖　北宋　趙昌
立軸　絹本・設色　99.4×54.2cm
日本・國立東京博物館藏

　　北宋後半期花鳥畫風的變化，是以對徐氏體的再認識爲出發點的。推動此變化者，乃是供職於神宗畫院的崔白（安徽濠梁出身）和艾宣（金陵出身）。

　　崔白之後，其弟子吳元瑜出來，黃氏體的裝飾性圖畫，便被自由的筆墨法所取代，同時轉變爲「吐出胸臆」的寫意性畫法，成爲新穎院體花鳥畫風誕生的主因。

　　這種畫壇上的變化，跟當時的美術品評者—文人、士大夫亦有關係。那就是文同、黃庭堅、蘇氏兄弟、米芾等人，對於繪畫品評無不表現相當的關心，同時他們又擅長水墨畫，其製作理念和徐氏體花鳥畫，多少有共通之處。

桃鳩圖 北宋 徽宗
冊頁 絹本・設色 26.1×28.5cm
日本・國立東京博物館藏

野卉秋鶉圖 南宋 李安忠
團扇 絹本・設色 23×24.5cm
台北・故宮博物院藏

大觀丁亥御筆天

徽宗畫院的新穎花鳥畫風

神宗朝開始的畫院以及文人方面，在繪畫上漸有變化的傾向，到北宋、南宋之交，在各種樣式上轉換了新的方向。徽宗的新穎花鳥畫風的出現，也可說是此例之一。徽宗向武官吳元瑜學習崔白系的花鳥畫，又向黃庭堅學書法，並創造獨自的瘦金體書法。

在花鳥畫上，他把崔白、吳元瑜的色彩當沒骨使用，而創造出表現微妙色調的寫意畫法。他的花鳥畫極爲纖細，並使用骨法端正的墨線，明顯的表現折衷了徐氏體和所謂宮廷樣式的黃氏體。

不過，他對徐氏花鳥畫的特色之一──大自然中的花鳥──究竟接受了多少，那就不大淸楚了。徽宗對畫院花鳥畫的指導理念，雖不十分了解，但據推測，他似乎非常重視實在性的追求。

採取徐熙花鳥畫法，使那些隔離自然描寫的花鳥，再度或多或少的復歸於大自然的懷抱。因此，採取和南宋院體山水畫同樣的斜線構圖法，自然景致上留有許多空白，完全不用五代宋初所流行的，以想像的花鳥淹沒全畫面的構成法。這個結果，使畫家經常在花鳥、山水兩方面，進行製作活動。李迪、李安忠、馬賁等人，是其範例，他們既是優秀的山水畫家，又

秋葵山石圖　南唐　李迪
團扇　絹本‧設色　25.8×26cm
台北‧故宮博物院藏

是卓越的花鳥畫家呢！

南宋畫院的花鳥三大系

　　就繪畫史分類記述，南宋畫院的花鳥畫家，可分類爲黃筌系、徐熙系、趙昌系等等，然而院體花鳥畫風旣已成立，並成爲畫院的指導樣式，那麼此等分類便無多大意義可言。黃氏體的鉤勒法，徐氏體的沒骨法，只是在使用上的強弱，或是描線和沒骨的多寡，藉以劃分畫系而已，自然談不到有什麼意義區別。

　　南宋畫院花鳥畫，到了今日，確認的遺作十分稀少，欲想再尋找樣式變

平皋牧馬圖 南宋 陳居中
冊頁 絹本‧設色 26.2×26.5cm
台北‧故宮博物院藏

猿圖（局部） 宋 毛松
立軸 絹本‧水墨淡彩 36.6×45cm
日本‧國立東京博物館藏

化的痕跡是十分困難的。不過，關於
描線，隨時代的下降而逐漸注重肥瘦
的強化，況且它跟其他畫院繪畫相同
者，乃是南宋末的花鳥圖，亦免不了
品質的低下。

　　這個時代的特殊花卉翎毛畫專家，
要數描畫猿猴的毛松、毛益；描畫水

牛的閻次平等人較爲著名。同時，以
江南的畫風，專門畫藻魚圖的畫家，
也開始加入畫院一事，亦不可忽視。
還有在畫院之外，描寫蓮花的于清言
的出現，正可以說明，以江南風物爲
主的繪畫，終於知名於中央的事實。

68

道釋人物畫

宋元道釋人物，雖然沒有完全脫離寺院壁畫的範圍，但慢慢以羅漢、禪宗人物逐漸形成宋朝道釋人物畫特色出現，這些作品東流扶桑後，全部成爲他們的「國之重寶」。

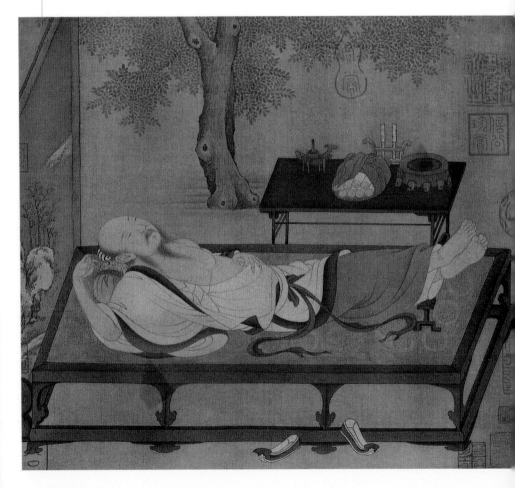

槐陰銷夏圖 北宋 佚名
冊頁 絹本・水墨設色
北京・故宮博物院藏

我國繪畫史上，宋元時代的山水畫、花鳥畫雖占有極重要的地位，但這個時代的道釋人物畫，特別是大畫面的作品，在其存在的積極意義上，足以和前二者相匹敵而毫不遜色。

道釋人物畫的大勢

所謂以道釋人物畫爲主題的大壁畫製作，跟寺院或道觀的營造有不可分離的密切關係，但宋元時代的營造卻不及隋唐時代的盛況，而且唐代已有樣式完全的大畫面道釋人物畫，宋以來卻難有追隨者——在巨大方面。

寺院營造的不可分離

不過，在大畫面以外，卻有不少適合這時代的優秀道釋人物畫問世。道釋人物畫的主流，到北宋後半期是大畫面變爲小畫面的交替時期。這種變化，對宋代道釋人物畫來說，具有非常重要的意義。因此在這兒將敍述大畫面的道釋人物畫移轉到小畫面的過程，同時旁及於肖像畫、美人畫、風俗畫的介紹。

北宋前期的道釋人物畫

雖然宋代的道釋人物畫不及唐代，但自宋初至十一世紀之初（眞宗朝），以汴京爲中心，曾有盛大規模的寺觀營造，其大壁面正是不拘山水、花鳥、道釋人物等題材，而爲職業畫家一顯身手的好場所。

北宋前期的繪畫界，道釋人物畫的專家們，也採取唐末五代亂世時代，在各地誕生的地方性極強的樣式，加入宋初大成本營造的繪畫工作。自此以後，當然不一定有一貫性的畫風存在，但大體上說來，這些畫風或多或少是依據唐朝吳道子的樣式。這件事跟當時次第獲得新穎的表現，而有飛躍進展的山水畫相比較，正可以說明道釋人物畫樣式的展開，尚是停滯不前的。

吳道子樣式強烈表現性

然而，北宋人對吳道子樣式授受容納的方式，實重其主體性也是事實。從畫史的記載來推測吳道子的畫風，他是不重精細而往豪放方面去求變化的，但北宋人所想像的吳道子樣式的本質，是動態的，筆鋒昂揚劇烈而含有強烈的表現性。宋代大詩人蘇軾，曾在雷雨之際，想像吳道子的描畫降魔圖而爲他賦詩，正是表現前述北宋人對吳道子觀感的一端。

五代和蜀的繪畫洋溢動感描寫

就此種意義上回溯吳道子樣式的受容系譜，可從蜀國的畫壇尋出許多根

二祖調心圖　南宋　（傳）石恪
橫幅　紙本・墨畫　35.3×64.3cm
日本・國立東京博物館藏

源。而且比南唐早十年降宋的蜀國畫
家們，其所創的畫風對北宋前半葉的
畫壇的影響，佔有極大的地位。

　　依蘇軾所構想的吳道子畫的本質，
其後繼承的系譜是「吳道子──孫位
──孫知微」。

　　孫位是「益州名畫錄」作者黃休復
稱譽爲「蜀的第一位畫家」的人物。
他和孫知微一樣，除道釋人物外，還
以擅畫瀑布聞名。他的作品以洋溢力
動感的描寫，令時人瞠目驚訝。和孫
位的「水」相對立者，乃是以「火」
的畫聞名於世的張南本，他是筆致粗

放的「二祖調心圖」作者，也是石恪
的老師。

　　從這些事實來推測，他們的作品不
只積極運用吳道子畫的筆調，以表現
人體或衣服的肥瘦而已，還併用中唐
以來的水墨畫法，描寫水或火，並把
墨使用得和筆同樣的富有動感和方向
性。蜀地所有的道釋人物畫，雖不是
件件有如此激越的表現，但其主流仍
然或多或少的具備此種要素。

宋初道釋畫家高文進

　　高文進是在大相國寺的壁畫上，發

十六羅漢圖（局部） 北宋 貫休
立軸 絹本・設色
日本・東京根津美術館藏

貼於身上的衣服描寫，做爲獨異的特色。至於高文進如何折衷曹、吳的樣式，如今已不容易找到其具體的表現形式。

折衷吳道子樣式風采

據筆者的想像，他可能隨著描寫的對象、種類（如主尊、主神取曹式；天部、侍者取吳式。）分別使用此兩種樣式也說不定。就高文進原畫之本——出自清涼寺、釋迦像內部——的版畫來看，他對主尊雖有明確的形態和強力的描線，但似乎抑制著吳道子畫風的肥瘦筆調。

這個折衷的畫風，似乎成爲北宋道釋人物畫的基準之一。真宗朝玉清昭應宮的壁畫製作，從三千名畫家中拔選爲左部之長的武宗元，同樣具備了曹、吳之妙。從武宗元所畫並流傳下來的「朝元仙仗圖卷」（或爲元代的仿本），只能追憶其畫風之一二。

武宗元是河南省人，跟高益、王靄等都是以道釋人物畫聞名的畫家，亦非蜀國出身。但北宋初期道釋人物畫方面，蜀的畫風領導一切，正如花鳥畫一樣是不可否認的事實。

北宋末的「宣和畫譜」對於高文進如此說：「世人雖以高文進爲蜀畫的名家，但他乃是虛名而已，因此本書把他除外」。

揚其天才畫技的宋初道釋人物畫界的名家。他的家系，祖父道興、父親從遇，都是以五代蜀國的道釋人物畫家而聞名。他領著兒子高懷節、高懷寶等一族，在宋初的畫壇，佔有極大勢力。據說高文進的樣式，是折衷了吳道子和曹仲達的樣式而來。

而曹仲達的畫風，跟吳道子是相反的。吳道子畫的人物，身上衣服似要隨風翻颺的表現方式。曹仲達是以緊

待詔高文進畫

越州僧知禮雕

雲雖兜率　月滿姿婆
稽首拜手　惟何選多
沙門仲休讚

甲申歲十月丁丑朔
十五日辛卯雕印普
施永充供養

74

彌陀菩薩像　北宋　高文進
立軸　絹本・單描

現在先不論「宣和畫譜」的編纂方針如何，從此記事來看，北宋時代的社會一般風氣，是把高文進系的道釋人物畫捧為至高，其畫風被羣集京師的畫家們吸收消化了。仁和寺的「孔雀明王圖」，是和清涼寺版畫的樣式含有許多共通的要素，也是考察北宋高文進系的畫風最重要的遺作。

以玉清昭應宮為最後，大規模的寺觀營造逐漸走向下坡。同時，後來再建造的寺觀壁面，製作山水畫、花鳥畫者越來越多。

宋徽宗篤信道教興起道觀建設

北宋末因徽宗的篤信道教，便有道觀的建設。但當時人們的興趣大勢，已不再集中於道觀大壁畫的製作，而轉移到小畫面的掛幅、圖卷、扇面形式的作品。在這種環境下，壁畫的製作漸漸變成畫工的專業，原先描寫同一題材機會極多的道釋人物畫，便依賴粉本而變為無創造性，並且隨之衰微了。

距營造玉清昭應宮約半世紀之後，蘇軾說了一句引人注目的話：「吳道子還是只能算做畫工之流」，並極力推賞詩人王維的繪畫。從這一句話的背後自可看出，他對於以吳道子為象徵人物的職業性畫家所描寫的道釋人物畫，含有某種不滿的情意！甚至吳

道子亦受此批評，可視做重視寫意性文人畫勃興的一種現象，同時十一世紀後半的畫壇趨勢中，職業畫家所製作的道釋人物畫，已見棄於社會的指導階層，當宋南渡以後，其傳統便由市井的畫工繼承，並沉澱於繪畫活動的底邊去了。

北宋的羅漢圖・十王圖

現在留存於日本的眾多彩色的「羅漢圖」或「十王圖」等作品中，有些可從畫上的署名，推知描畫該畫的作者，然而只見其名，亦無法可知其傳略。他們可能是以寧波為中心，浙江地方的在野職業畫家。他們的製作是藉助若干樣本或類型，為江南諸寺，或為信徒的需要，或為輸出日本，當做純粹的商品進行繪畫的製作。因此「羅漢圖」的背景，「十王圖」中的屏障畫，雜有北宋畫風的水墨山水畫。那些是既硬化，又重複描寫，使形態上有意義不明的破綻。

畫面不留白威壓性強

這些作品，大致可分為兩大類型。一是藝大本、原家本、靈雲寺本等的「羅漢圖」，它強調畫面的空白，色彩也兼用中間色，是反映比較上品之趣的，也是北宋末李公麟出現以後的道釋人物畫的作風。一是如同日本靜嘉

十王圖　南宋　金處士
立軸　絹本‧設色　47×111cm
日本‧東京靜嘉堂藏

堂所藏的「十王圖」，在畫面上畫滿人物，毫不留空白，製成威壓性的空間，色彩也強烈。此類型可以說，保存了北宋前期大畫面道釋人物畫的傳統。當然，好像折衷此兩類型的作品，爲數也不少。

元代畫院不再存在，寺廟的營造交託給一般「人匠總由府」下的「梵像提舉司」，並由此監督下的民間畫工去進行。以西藏系的佛畫最爲流行，但爲有識之士所輕視。不過，遼金地區仍保持著北宋以來寺觀壁畫製作的傳統，那些並由元朝繼承，而以山西省爲中心，保留著很多此類作品。

其主要者，是興化寺、水神廟、永樂宮等寺觀的壁畫，同時每一作品都明顯的表現出，那是以北宋的大畫面道釋畫爲例的，但它卻洋溢着元畫特有的悶重色彩感覺和畫匠的匠氣，倒也沒什麼值得特筆的大樣式的展開。

宋道釋人物畫扶桑國寶

宋朝道釋人物畫，保存最好，宣揚最好，是收藏於日本幾個美術館的珍品，像東京國立博物館、京都‧大德寺、大阪市立美術館……，以及私人東京根津美術館、靜嘉堂美術館等，都有被視爲「國寶」宋道釋人物畫。

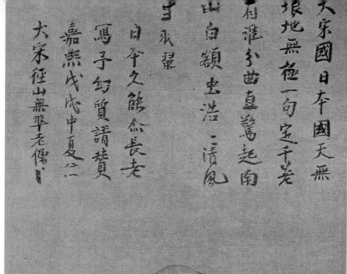

無準師範像
南宋　佚名
立軸　絹本・設色
59×125cm
日本・京都東福寺藏

觀音坐像
南宋　牧谿
立軸　絹本・水墨
97×172cm
日本・京都大德寺藏

五馬圖之一（局部） 北宋 李公麟
長卷 絹本・墨繪
台北・故宮博物院藏

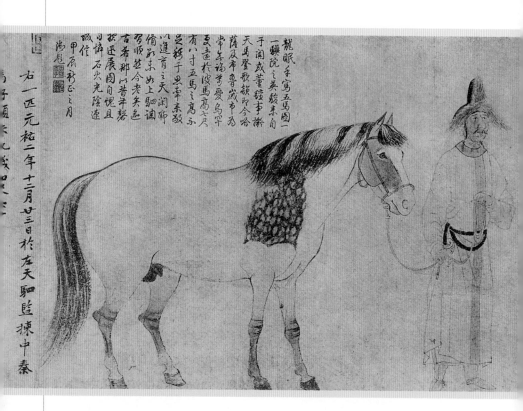

宋朝第一的李公麟

　　蘇軾替吳道子押下「畫工」的烙印一事，既可象徵當時知識階級（文人、僧侶）繪畫觀的變遷，同時對後世的繪畫觀影響甚大。在繪畫觀大轉換的時期（十一世紀後半），出現了號稱宋朝第一的李公麟。

　　李公麟最得意者乃是白描之作，但他師法吳道子，並遠及於六朝，可見他的畫技範圍是很廣泛的。同時由於他，停滯不前的道釋人物畫樣式，重新打開了鑑賞畫的新途徑。

李公麟「五馬圖」行方不明

　　李公麟的作品中，只留下了「五馬圖」（可惜，第二次世界大戰後，行方不明），他那流利而正確的動力感和品味，充分表現著他的才能。李公麟是士大夫世家，並與蘇軾、蘇轍、黃庭堅、米芾等文人交情深厚，他所作的馬畫、佛畫，得到這些朋友的支持，獲得極高的評價。

　　道釋人物畫的樣式，由於李公麟的出現，把畫工之藝的道釋人物畫，提高到足堪文人鑑賞的地位。但另一方

面，又把畫工囚於世襲的職業工作之中，再也沒什麼創造性藝術活動了。

白描「維摩詰圖」受李公麟影響

事實即使那樣，現在還可看到所謂李公麟樣式，那是南宋時代的畫工所製作的羅漢圖等，雖然其稱呼是近世才誕生的，但濃彩的適當處理，空間的妥善安排等，可以感覺到北宋末職業畫工吸收李公麟畫風的痕跡。清淨華院的釋迦三尊，卻可當做其例子。這些濃厚彩色的羅漢圖，如舉描線做問題，和可能受李公麟的影響而畫的白描「維摩詰圖」，的確有許多相近似的樣式。

北宋水墨道釋畫

其實受李公麟的影響最大者，乃是

水墨的道釋人物畫方面。在李公麟之後，文人間繼續了白描畫的傳統，自南宋的梵隆，以至於元的趙孟頫都是。自北宋中期以後，士大夫與禪林之間的交流，有其顯著所在。

自然禪宗關係的繪畫上，亦留有白描之作。再者，金宮素然所作「明妃出塞圖」，雖是凡庸之作，但亦可列入李公麟畫的系譜之中吧！

產生於禪林中的水墨道釋人物畫，其遺作流落日本者很多，其中有不少

富有藝術價值的作品。遠自五代的禪月大師，曾以粗放的技法描寫羅漢，但就禪宗繪畫的水墨道釋畫而言，其積極意義乃是開始於北宋後半葉。北宋中期文人墨戲的勃興，在重視寫意性，強調寫意性的觀點上，它具有劃時代的意義。

禪林之間的交流

這時期的文人多數都有禪的素養，並和禪僧有深厚的交誼，因此文人畫

的墨戲性格或繪畫觀，極容易浸入於
禪林之間。再反過來說，文人墨戲的
理論本身自始就反映禪的觀點。

　　李公麟的作品，比一般文人的墨戲
更深入更專門化，即使如此，他還畫
了像「禪會圖」或「水月觀音圖」，描
寫著鑑賞性要素極強烈的道釋畫。

　　自文人描寫墨竹，逐漸出現禪僧的
水墨畫家一事來推測，它是受墨戲的
理論支持下，禪林隨著流行水墨道釋
畫。墨戲的本質，原先是不講究技巧

的，因此對專門的李公麟作風，禪僧
是不會完全接受的，即使有也很少。

　　李公麟的禪畫成爲其表現或題材上
的靈機，再加上禪月和石恪的存在，
重新認識了五代宋初那粗放的畫風；
同時再受到極其發達的山水畫的水墨
技法的刺激，於是禪林的水墨道釋畫
便迎接了盛行的時代了。

任性自由的水墨畫

　　南宋初期的禪僧，老融（智融）所

創始的「罔兩法」，似乎是把李公麟的白描道釋畫，融化於更自由的水墨技法中。梁楷的簡筆描道釋人物畫，也是介於其師賈師古，而可和李公麟直接連結，但其畫風更接近於奔放的墨戲性格，而不重視技法方面。梁楷雖然是畫院的畫家之一，但他和禪僧的交往也很密切。

南宋、元的水墨道釋畫，便如此的不論畫家是否有禪籍，深受到關於禪對事物看法的支配，這種禪的水墨道釋畫的特色，要算元的因陀羅之作最能發揮其極致了。這麼一來，繪畫上技法的虛飾已不再存在，其赤裸的畫境，呈露畫家和筆直接連結的意志。

如上所述，白描系或再加墨戲性格者以外，在水墨道釋畫中，還有對水墨技法表示更積極意欲的作品。那就是以牧谿為代表的六通寺派的作風。因此，對於此事如果用所謂道釋人物畫的題材去概括它，不如用水墨畫的技法來說明，反而會適當些吧！

牧谿被摒於正統之外

牧谿十分忠實於自己繪畫的生命，並任性自由的驅使水墨畫的技法，因而被元代部分文人批評家，摒於正統之外。牧谿的代表作「觀音猿鶴」，的確兼用各種水墨技法，但還不能達到渾然成一體的融合各種技法，只是對

主題的表現，著實進行而已。

雖然支持牧谿圖者是禪宗社會，但他的畫風令人覺得已超越禪餘的墨戲和白描系的道釋畫，直道李公麟以前那大規模的道釋畫。

牧谿的山水畫含有北宋的風格，同樣地「觀音猿鶴」的鶴圖，也是正大堂皇的北宋流派構圖。並且觀音圖的衣紋線，肥瘦上有很大的韻味，尤其是觀音在畫面上所佔的大小，令人想起經由「蜆子圖」所能看到的南宋作風，而想復歸北宋前期的牧谿。

和牧谿並稱的梁楷的道釋人物畫，其畫面構圖是南宋化的，兩人的畫風正成為明顯的對比。

牧谿做禪僧以前便是個畫家，因此他的畫，是把繪畫的真實表現放在禪的前面。另一方面，元朝因陀羅的作品，却把繪畫的要素壓制在所必需的最低限度上。同是道釋畫的名家，這兩人正像兩極端一般。不過，牧谿的作品，似乎較偏重於中庸的位置。

宋代盛行的肖像畫

肖像畫的製作，經宋代而盛行，這可從當時的文人記述中，得到明確的證明。尤其是在北宋，俗人和僧侶的肖像畫之間，並無有意識的區分。

這是站在前代傳統之上的，那些北宋初期的人物畫家，經常為皇帝畫肖

像畫而獲取很多獎賞。這個時代的肖
像畫的水準之高超，在慶陵的壁畫人
物畫上充分表現出來。

　　如此達到發達頂點的肖像畫，禪宗
曾藉它做所謂「頂像」的傳法工具。

　　因此「頂像」在肖像全體的潮流中，
並非含有特別的積極意義。東福寺的
無準師範像，雖然是以很生動逼真的
表現而出色，但這個南宋肖像畫的傑
作，其寫實性早存在北宋的一般畫像
中。南宋、元的頂像已含有新穎的水
墨技法的應用，但從全體看來，它是

肖像畫衰退期的作品而已。

顧閎中的「韓熙載夜宴圖」

　　宋代美人畫的傳統，可從五代的南
唐求得。「宣和畫譜」貶去蜀的高文
進，而把南唐的曹仲玄推許為吳道子
以後，道釋人物畫的第一名手。曹仲
玄曾描寫可做水墨的水月觀音圖的前
身似的作品，從這兒亦不難認識北宋
末對道釋人物畫上，評價的變化。

　　一般說來，南唐的道釋人物畫家，
其畫風傾向偏於誇示精緻的作風；這

和蜀地那種要求動態的表現，是互相
對立的。曹仲玄的畫也不例外。

　據說南唐的李煜，曾因他那種綿密
的描寫，製作的遲緩，感到非常的不
快樂。當時做仲裁的周文矩，也是道
釋人物的畫家，不過他的特長，乃是

私淑唐的周昉而來的美人畫。此外像
顧閎中，顧德謙等多數的畫家，到了
宋代仍然活躍著，但是他們那精緻的
畫風，是不適合在大畫面上表現的，
難怪他們在宋的大本營之際，無法變
成一股主流。

　　南唐的這些畫家跟北宋的美人畫、仕女圖的流行，關係非常密切，現在尚存而傳說是顧閎中的作品「韓熙載夜宴圖」，是南唐的作品；還有傳說是周文矩所作的「宮女圖」，也是南唐的作品吧！從這些作品可看到銳利的

搗練圖（局部）　北宋　徽宗
長卷　絹本・著色　全畫37×145.3cm
美國・波士頓美術館藏

筆法，就是傳說爲宋徽宗作的「搗練圖」，也可以看出同樣的技法。

這類作品的產生背景是以南唐、北宋的宮廷爲中心，是當時上流社會的愛玩物而製作的。它那洗鍊的、銳利筆法，算得上是北宋末美人畫的一大特徵。

同時根據顧閎中、周文矩等人的傳記所記載，宋代美人畫的流行，其重要因素是南唐美人畫的存在，而影響宋代美人畫的製作。

「揮扇仕女圖」與「搗練圖」

唐周昉是仕女畫高手，他雖用直線條表現仕女衣褶的美妙，看起來有力又淡雅，但宋朝的仕女畫，衣紋不用直線，以曲線柔線表現仕女的溫文婉雅，纖細有致，力道就不足，雖然兩宋的仕女畫，受唐朝周昉影響很大，但在造形上就遠不如周昉筆下仕女耐看，兩宋放棄了「雅」，追求起「柔」了嗎？

「清明上河圖」千古風俗畫

所謂道釋人物畫樣式，若和山水畫或花鳥畫相比較，它是很容易受宗教的、社會的約束。北宋末市民社會的勃興，產生了許多風俗畫。

北宋的中期，燕文貴製作「七夕夜市圖」，描寫汴京在七夕之夜的熱鬧情形。張擇端的「清明上河圖」，是描

寫北京過清明節的熱鬧。這些作品，
在系列上是相同的。

　　這些畫的筆法，比前文所說的美人
圖、仕女圖，顯得較爲直截了當，表
現也具體而結實。同時，從這些相異
之點便可了解兩者誕生的社會背景的
異同。

　　當風俗圖和美人圖合流以後，隨即

文姬歸漢圖 南宋 陳居中
立軸 絹本・設色　107.7×147.4cm
台北・故宮博物院藏

靜聽松風圖 宋 馬麟
軸 絹本・設色　110.3×226.6cm
台北・故宮博物院藏

產生南宋時代的「文姬歸漢圖」類的
作品了。

小庭嬰戲圖　宋　佚名
冊頁　絹本・設色　22×24cm
蕉陰擊球圖　宋　佚名
團扇　絹本・設色　23×24cm

天眞可愛的神趣

南宋蘇漢臣留下來幾件讓人百看不厭的「嬰戲圖」，如台北故宮博物院的「秋庭戲嬰圖」，天津藝術博物館的「嬰戲圖」冊頁。

北京故宮博物院，宋人無款的「小庭嬰戲圖」冊頁，與「蕉陰擊球圖」團扇，這二件小品以「嬰戲」爲題材，都表現兒童天眞可愛的玩戲動作，兒童髮型、衣服都輕紗裹體，表情充滿童趣，從衣著上看應該是夏天，在雅石竹林間，在芭蕉雅石庭園裡，好一幅安詳平和的世界。

近幾年大家提倡古代童玩，這個失傳兒童玩具，祇有在古畫上尋思了。

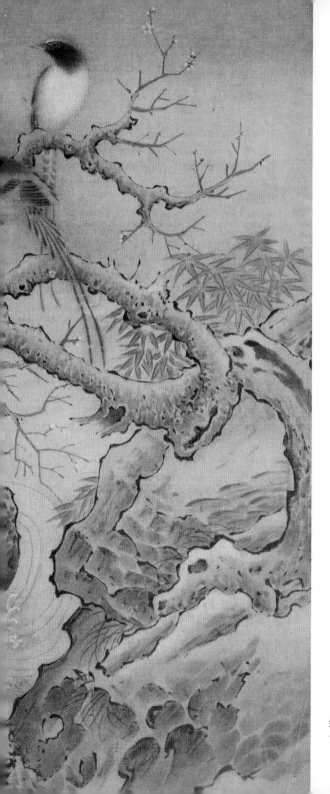

【兩宋名家與名畫】

霜柯竹澗圖　宋　佚名

冊頁　絹本・設色

寒林圖

李成

寒林平野圖（局部） 北宋 李成
寒林平野圖 北宋 李成
立軸 絹本・水墨
台北・故宮博物院藏

李成，又名咸熙，他的上一代是唐代的宗室，五代時避難遷移到山東昌樂附近，也是古代青州的營丘，所以後來很多人稱他爲李營丘。他的家世極好，尤其祖父和父親，都是當時最有名的文學家，他可以說是出身高貴門第。可惜，生不逢時，連連戰亂，家道中落，一切不如意事都堆在他的頭上。

才華出衆，愛好賦詩

但是李成的才華仍是相當出衆，他愛好賦詩，彈琴下棋相當精深，尤其是山水畫，可以說是劃時代人物，美術史都稱他爲中國山水畫一代宗師。

他的山水畫，注重對於自然環境的觀察，向眞實的山水寫生，遵守科學的透視方法，畫面上的亭台、樓閣、人物和遠近的距離很合理。他作畫愛以直擦的筆法來畫平遠寒林，在樹木節瘤的地方，用墨點成，樹身則以淡墨輕染，畫雪景時在水天空白的地方全用粉填。所畫山間亭館，因他體會到遠近透視的關係，所以在畫屋簷的時候，都是由下向上仰畫，深合透視的畫理。

彈琴下棋，山水宗師

李成的山水畫，風格清新，墨法變化微妙，以描寫煙林平遠景色見勝。

據劉道醇「聖（宋）朝名畫評」所記：「成之爲畫，精通造化，筆盡意在，掃千里於咫尺，寫萬趣於指下，峰巒重疊，間露祠墅，此爲最佳。至於林木稠薄，泉流深淺，如就眞景，思清格老，古無其人。」

寒江釣艇圖　北宋　李成
立軸　絹本・墨畫　101.9×170cm
台北・故宮博物院藏

群峯霽雪圖　北宋　李成
立軸　絹本・水墨　31.6×77.3cm
台北・故宮博物院藏

李成非常講究墨的韻致。米芾曾說
他：「李成淡墨如夢霧中，石如雲動，
多巧，少眞意。」

用墨——飄渺幽淸感覺

他的畫，用墨不重，輕淡如在煙霧
裡，顯得有縹緲幽淸的感覺，所以大
家稱李成「惜墨如金」。他對畫面的結
構，張庚說他：「勾勒不多而形極層
疊，皴擦甚少而骨幹自堅。」

由於他家道中落，經常鬱鬱不樂，
外表消極，但個性堅強曠蕩，高邁明
敏，但身處亂世，對任何事都澹泊自
甘，抱道自重了。

個性——堅強曠達

而對於藝術，是他一切寄託，藝術
修養很夠，不輕易拿筆，但幅幅精彩。
「宣和畫譜」記載：「自成歿後，名
益顯，其畫益難得，故學成者，皆摹
倣成所畫峯巒泉石，至於刻畫圖記名
字，庶幾亂眞，可以欺世」。因爲他壽
命不長，畫的畫不多，所以留下來的
作品很少很少。

喬松平遠圖
北宋　李成
立軸　絹本・水墨
126.1×205.6cm

晴巒蕭寺圖
北宋　李成
立軸　絹本・水墨

谿山行旅圖

范寬

谿山行旅圖（局部） 北宋 范寬
谿山行旅圖 北宋 范寬
立軸 絹本・水墨 103.3×206.3cm
台北・故宮博物院藏

「谿山行旅圖」那個像鐵一般堅硬的山，從山溝流下一條像鐵線般的瀑布，還有枝葉殘禿，石塊如鋼的近景，這是多麼有力量、強烈、感人的一幅名畫。

北宋的范寬，他以老健筆力，描寫雄奇壯偉的山岳，畫面的結構，都是千岩萬壑，長瀑深澗，巨峯矗立，險不可登，尤其是重叠的山嶺上，密密地佈滿小叢林，溪邊突兀的石塊，顯得極渾厚幽深、沈重、峻峭。

范寬山水畫筆觸堅實，線條勁厲，黑沈的墨韻，好像那些群峯列「岫」的白「雲」，真是扎實、有力。在美術史上把他跟董源、李成並稱北宋三大家。他最初是學李成的，後來又學荊浩。當他跟荊浩學習時，呆板的章法，不合自然的觀點，總讓他有想跳出來的慾望，最後他深深覺得山水畫必須多多觀察實物，多了解自然生長情況。他曾說：「與其師人，不若師造化」。也就抱此觀點，他拋棄過去的觀念，遷到終南山、太華山居住，去實地觀察山川林木的體態，以及朝暉、月色、晚霞、山嵐、風霜、雨露……一切大自然景象的變化，也就從此，他的畫進步極快，列入北宋三大山水畫家之一。

雪山蕭寺圖（局部）　北宋　范寬

雪山蕭寺圖　北宋　范寬
立軸　絹本・淺設色　108.2×182.4cm
台北・故宮博物院藏

李成的畫，淡冶明淨靈秀

　　宋韓拙在「山水純全集」中，討論到李成、范寬兩人的作品相較時說：「（王晉卿）偶一日於賜書堂，東掛李成，西掛范寬。先觀李公之迹云：李公畫法，墨潤而筆精，煙嵐輕動，如對面千里，秀氣可掬。次觀范寬之作，如面前眞列，峯巒渾厚，氣壯雄逸，筆力老健。此二畫之蹟，眞一文一武也。」

范寬的畫，表現山的厚重

　　范寬的畫，在表現山的實態，厚重，雄奇，峻拔。李成則顯得淡冶，明淨，靈秀而多姿。元朝的湯垕曾說：「宋人寫山水，其超絕唐代者，董源、李成、范寬也。李成得山之體貌；董源得山之神氣；范寬得山之骨法。故三家遺蹟，照耀古今，爲百代師法。」

早春圖

郭熙

關山春雪圖（局部） 北宋 郭熙
關山春雪圖 北宋 郭熙
立軸 絹本・墨畫 51.2×179.1cm
台北・故宮博物院藏

　　郭熙的山水畫，以細緻精巧見長。
他最先是學李成的，尤其以寒林爲主
題的作品，幾乎讓人沒法識別。「宣和
畫譜」曾記載：「初以巧贍致工，既
久又益精深，稍稍取李成之法，布置
愈造妙處，然後多所自得，至攄發胸
臆，則於高堂素壁，放手作長松巨木。」
　　郭熙的山水畫除了能擷取前人的精
華外，他自己也愛遊山玩水，他曾說：
「嵩山多好溪，華山多好峯，衡山多
好別岫……欲奪其造化，則莫神於
好，莫精於勤，莫大於飽遊飫看，歷
歷羅列於胸中，而目不見絹素，手不
知筆墨。磊磊落落，杳杳漠漠，莫非
吾畫。」他平日也非常細心觀察大自
然的眞相，他曾說：「山形步步移」。
　　因爲山的形勢，隨人的視線角度而
轉變，所以必須近看，遠看，以至面
面看，以了解山的全貌。還須領悟四
時之景不同，朝曦夕陰，風雨煙嵐，
變態萬端，才能達到「景外意」和「景
外妙」的地步，這樣向眞山眞水學習，
使他對於回溪斷崖，岩岫巉絕，峯巒
秀起，雲煙變滅，雲靄之間，領悟到
千態萬狀的美。
　　我們看他的山水畫，構圖的豐富，
幽奇的妙處，他擅長於創作大幅的作
品，「圖畫見聞誌」說他：「巨嶂高壁，
多多益壯，今之世爲獨絕矣。」他的
作品氣勢不凡，境墨奇變。皴法愛用

樹繞懸崖溪
澗凍梅閣仙
居家上房不
藉松梠間題
微喜山早見
氣如蒸
己卯春月
御題

112

早春圖　北宋　郭熙
立軸　絹本・設色　108.1×158.3cm
台北・故宮博物院藏

早春圖：瀑布（局部）　北宋　郭熙

淡墨和靈活的圓筆，側鋒，暴雨與雲層相似，所以又叫「亂雲皴」，又叫「鬼面山」，這是他獨創的技法。

郭熙的山水畫理論，在美術史上非常受重視，黃庭堅曾說：「郭熙官畫但荒遠，短楮曲折開晚秋。」蘇軾也曾說：「木落騷人已怨秋，不堪豐遠發詩愁。」大詩人黃庭堅和蘇軾不但欣賞郭熙作品上的那股晚秋情調，也欣賞他畫上的那股清幽而平遠。

「早春圖」

這幅在1996年台北故宮藏品巡迴美國展，引起不該外展「鎮館名作」，後來在雙方交涉下還是留下來，但大都會美術館展出目錄卻印出來，並有局部畫面。

這幅描寫在嚴冬枯寂中，冬去春將要來，大自然甦醒中，山川萌發生機，奇峰怪石，浮起潤澤霧氣，溪澗解凍，泉聲潺潺，一潭清淺春水，配合舒展樹枝，山林翹首等待和煦的陽光，春天何時到來呢？

郭熙編「林泉高致集」

郭熙所編的「林泉高致集」，其中四篇大意如下：

㈠山水訓──最為重要，包含創作和經驗，除主張廣泛學習前人以外，他還反對專模仿一家。並重視飽游飫

寒林圖　北宋　郭熙
立軸　絹本・水墨　98.8×153cm
台北・故宮博物院藏

寒林圖（局部）　北宋　郭熙

看，深刻地觀察自然，取其精華，更
要有獨特的創造。

　㈡畫意──分前半篇和後半篇：前
半篇說明在繪畫之前醞釀意境的重
要。後半篇是郭熙記錄他父親認爲具
有畫境的前人詩句。

　㈢畫訣──是一篇說明經營位置和
用筆、用墨等技法，並介紹一些畫理
和不同季節、氣候的各種畫題。

　㈣畫題──是一篇最短的文，只從
戴安道和范寬的故事，說明繪畫有宣
傳政教的重要意義。

谿山秋霽圖　北宋　郭熙
長卷　絹本・水墨設色
美國・佛利爾美術館藏

樹色平遠圖（局部）　北宋　郭熙
長卷　絹本・水墨　全畫32.4×104.8cm

重視生活・觀察深刻

郭熙是極重視生活的現實，深刻的觀察。下面的一段話，是他一個很好的例子：

「山近看如此，遠數里看又如此，遠十數里看又如此，每遠每異，所謂山形步步移也。山正面如此，側面又如此，背面又如此，每看每異，所謂山形面面看也。

「如此是一山，而兼數十百山之形狀，可得不悉乎？山春夏看如此，秋冬看又如此，所謂四時之景不同也。山朝看如此，暮看又如此，陰晴看又如此，所謂朝暮之變態不同也。如此是一山而兼數十百山之意態，可得不究乎？」

他又說：「學畫花者以一株花置深坑中，臨其上而瞰之，則花之四面得矣。學畫竹者，取一枝竹，因月夜照

其影於素壁之上，則竹之眞形出矣。

「學畫山水者何以異此？蓋身即山川而取之，則山水之意度見矣。眞山水之川谷，遠望之以取其勢，近看之以取其質，眞山水之雲氣，四時不同：春融怡，夏蓊鬱，秋疏薄，冬黯淡。畫見其大象，而不爲斬刻之形，則雲氣之態度活矣。

「眞山水之煙嵐，四時不同：春山澹冶而如笑，夏山蒼翠而如滴，秋山明淨而如粧，冬山慘淡而如睡。畫見其大意，而不爲刻畫之迹，則煙嵐之景象正矣。眞山水之風雨，遠望可得，而近者玩習不能究錯縱起止之勢。眞山水之陰晴，遠望可盡，而近者拘狹不能得明晦隱見之迹。」

從這兩段話，可知郭熙對眞山眞水的深刻觀察，和研究季節氣候，及四

時雲氣和山色的特點，更重視遠看的
觀察方法。

寫山與水的特性

郭熙更能把山與水的特性寫出來：

「山大物也，其形欲聳拔，欲偃蹇，
欲軒豁，欲箕踞，欲磅礴，欲渾厚，
欲雄豪，欲精神，欲嚴重，欲顧盼，
欲朝揖，欲上有蓋，欲下有乘，欲前
有據，欲後有倚，欲上瞰而若臨觀，

欲下游而若指麾。此山之大體也。」

「水活物也，其形欲深靜，欲柔滑，
欲汪洋，欲回環，欲肥膩，欲噴薄，
欲激射，欲多泉，欲遠流，欲瀑布挿
天，欲濺撲入地，欲漁釣怡怡，欲草
木欣欣，欲挾煙雲而秀媚，欲照溪谷
而光輝，此水之活體也。」

這都是郭熙所談的畫理。他還提出
「山有三遠和三大」，對說明透視法
的理論更見精刻。

漁村小雪圖

王詵

漁村小雪圖（局部）　北宋　王詵
漁村小雪圖（局部）　北宋　王詵

北宋山水畫家王詵，畫法師李思訓和李成兩家法規，在李成的清逸中溶入了李思訓的華麗，在水墨畫法中引入了金碧山水的設色法，而形成自我風格，因此欣賞他的山水畫，嚴謹中帶些野逸，工整不呆板，活潑兼具有秩序。

清逸中帶入華麗

「漁村小雪圖」長卷，描寫快雪時晴之際關山、峻嶺、山巒和漁村的景致。用筆尖清勾再著色，刻畫自然生態上十分細緻自然，工中帶寫。

用墨明潤秀雅，華滋淳厚，注重氣氛烘染。至於用色則更富創見，不僅在江天山坳處用墨青染底，烘托出山嶺坡岸的積雪，又在崖巔，樹頭上用白粉漬染，表現積雪在陽光下晃耀奪目的景象。他在溪邊的柳條和蘆葦都以金勾畫，金粉相映，顯得特別清麗。

「漁村小雪圖」長卷名作

這是一幅初冬雪霽後郊野的景色，漁夫及遊人雪上活動。

樹枝以蟹爪，山石以捲雲皴畫法，水墨設色暈染，秀潤而富有韻律感。

宋徽宗趙佶有題為王詵所作，曾經入北宋內府，清乾隆內府收藏，「宣和畫譜」、「大觀錄」、「石渠寶笈」、「諸家藏畫譜」都有登錄。

漁村小雪圖（局部）　北宋　王詵
漁村小雪圖（局部）　北宋　王詵

P124・125／P126・127

漁村小雪圖（局部）　北宋　王詵

春山瑞松圖

米芾

春山瑞松圖　北宋　米芾
立軸　紙本・設色　44×62.5cm
台北・故宮博物院藏

春山瑞松圖：題字　北宋　米芾

　　淋漓、迷茫、幻化，這是米芾山水
畫的特徵。

　　「春山瑞松圖」──他用深淺濃淡
的墨點，構成山水雲煙樹木，利用點
與點的空間來分出脈絡，一層層點的
組合，是一層層的山與樹，顯得重林
濕翠，煙嵐浮動，雨霽煙收，千變萬
化的眞實景象。他的此種手法，化除
了中國山水畫一向的畫法，用線條來
勾勒峰巒林木的輪廓。

　　他的筆法，純以水墨烘染，運用點
的排比，來描寫煙雲變幻風雨迷茫的
瀟湘景色。

墨色的輕重畫山水風景

　　米芾用墨色的輕重畫山水風景畫，
他用「點」的筆法表達景物的形象。
後期印象派畫家秀拉用「點」的手法，
描繪空間距離，用色彩在大氣之間的
變化，取來運用在畫的色澤上。

　　米芾的畫，多用純墨畫，間有加上
赭、綠、靑黛等色，他作畫稱爲墨戲，
意思是不甘爲繩墨法度所拘束。

　　他畫畫不一定用筆，有時用紙筋，
或者甘蔗渣、蓮蓬。在米芾之前，中
國山水畫家所用的紙或絹，都是經過
膠礬的熟紙或絲絹，到了米芾才用生

紙去畫。由於生紙有高度發揮水墨性能，利於他的畫法，所以他從不肯在熟紙、絲絹或牆壁上去着畫。

注意山光浮影的自然變化

米芾是臨古畫的能手，自己收藏不多，常向別人借畫臨摹，畫好以後，將眞古畫和臨的畫一併送還原主，要人鑑別，他的臨摹本領眞高，很多人常無法分出眞假。

有一天，一個朋友拿了戴嵩畫的牛給他臨。米芾畫了一張，比了一比，自認相當逼眞，就把戴嵩的畫留了下來，把臨的給朋友，看看朋友知不知道。

不料朋友接到手以後，看了一番就說：「這幅畫不是戴嵩的，戴嵩畫的牛在牛眼睛裏，有牧童的影子，你的臨本忽略了這一點。」米芾聽了，才知道他人繪畫，是如此精密。也就從這個經驗以後，他繪畫時，很注意山光浮影的自然變化。

愛硯，愛字，趣事無窮

又有一次，他在長江坐船，看到同船的人，藏有王羲之的眞蹟。米芾拜觀之下，欽佩備至，愛不釋手，他提出自己的畫，希望人家能和他換王羲之的那一幅字，可是人家不肯。他痛心非凡，一縱下水，當時可把一船的

人嚇壞了，船夫馬上跳下水，費了一番力才把他救上來。後來那人見他愛那幅字的是如此眞摯，便送了給他。

他的趣事很多，有一次徽宗皇帝命他在御屏上寫周官篇。米芾感到得意非凡，寫完把筆一擲，大聲的說：「一洗二王惡扎，照耀皇宋萬古。」徽宗正在後面屏息觀看，聽了這話，就走出來看他爲什麼如此自負，一看果然寫得超妙非凡，大加讚賞。

米芾乘機請求徽宗把磨墨那塊端硯賜給他。徽宗答應了，他連忙謝了以後，把那塊端硯收進懷裏，管不了墨弄髒衣服，弄得官服一身墨。徽宗看他如此高興，大笑不已。

米芾傾注在畫上的功力有到巔峰的狀態，而他的爲人更是狂放不羈。

突破單純用線條鈎勒峰巒

米芾，字元章，江蘇吳縣人。在繪畫上，他對水墨山水的貢獻很大。他畫山水突破了過去單純用線條鈎勒峰巒、樹木的輪廓的傳統方法，利用潑墨、焦墨構成、深深淺淺排比的橫點，通過墨色的濃淡來描繪煙雲變幻，風雨迷濛的江南景色，表現了變化無窮，婀娜多姿的大自然。筆酣墨飽，別具風格。

米芾畫變幻着的煙雲，在畫面上卻往往不畫雲霧，只依靠山光樹色的映

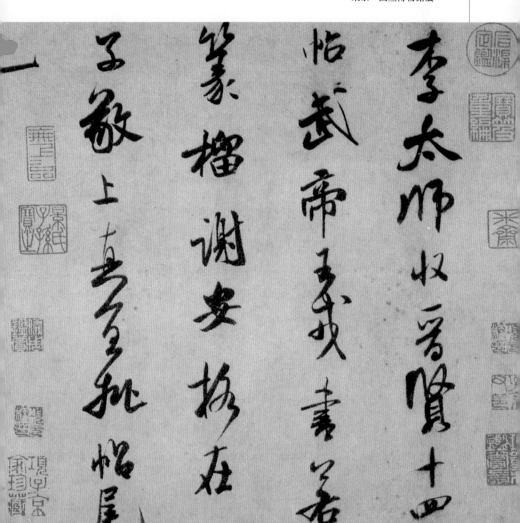

李太師帖　北宋　米芾
紙本・墨書　26×34.5cm
東京・國立博物館藏

襯，給看畫的人一種水氣蒸鬱、霧氣瀰漫的感覺。不畫雲霧而若有雲霧，不敷彩色而若有彩色。

　米芾畫遠景用粗筆，畫近景却往往很工細。他的「春山瑞松圖」裏的幾株松樹，就是用嚴格的寫實手法畫的。近景裏，不管扁舟、小橋或是山脚、水涯，他全部用細筆寫實。寫意和寫實的結合，構成了他粗放而又嚴謹的藝術風格。

131

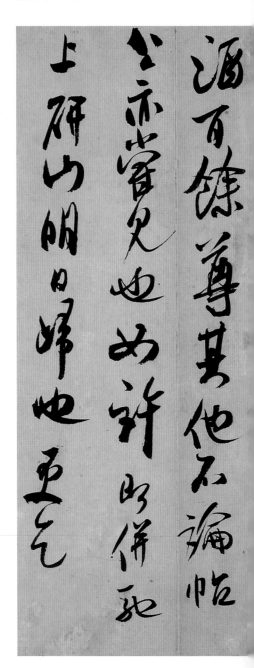

致景文隰公尺牘　北宋　米芾
冊頁　紙本・行書

「米點」──表現江南風雨迷濛

美術史上非常推崇所謂「米點」，也是米芾表現江南風雨迷濛景色的寫實描繪，用水墨淋漓的橫點排比，構成渾厚華滋的畫面。

米芾山水畫成功的主要因素，是得力於多遊多覽。

他酷愛遊山玩水，居住的所在，必須選擇山明水秀的地方。他曾經居住過襄陽，看到了雲山蒼茫的瀟湘二水，又曾久居山水甲天下的桂林，又曾在揚子江的鎮江，在城東建了一所住宅，名叫「海岳庵」，並畫了一幅「海岳庵圖」，自題說：

「先是瀟湘得畫境，次為鎮江諸山。」

他的畫不但承襲北宋之美，而又另創一種新風格，這一種風格是煙雲掩映，迷茫幻化，像春天三月江南的大氣之美。

米芾行草「快劍斬陣」之概

米芾的書法比他的畫還要吸引人，黃山谷就非常欣賞並大肆讚揚，他有幾帖行草詩帖，如「元日帖」、「吾友帖」、「中秋詩帖」、「蜀素帖」、「苕溪詩卷」、「李太師帖」及「致景文隰公尺牘」，都被列為行草書法神品。

米芾詩帖、詩卷、尺牘的書法非常秀挺，其氣有「快劍斬陣」之勢，這是黃山谷對他的推介，您以為如何？

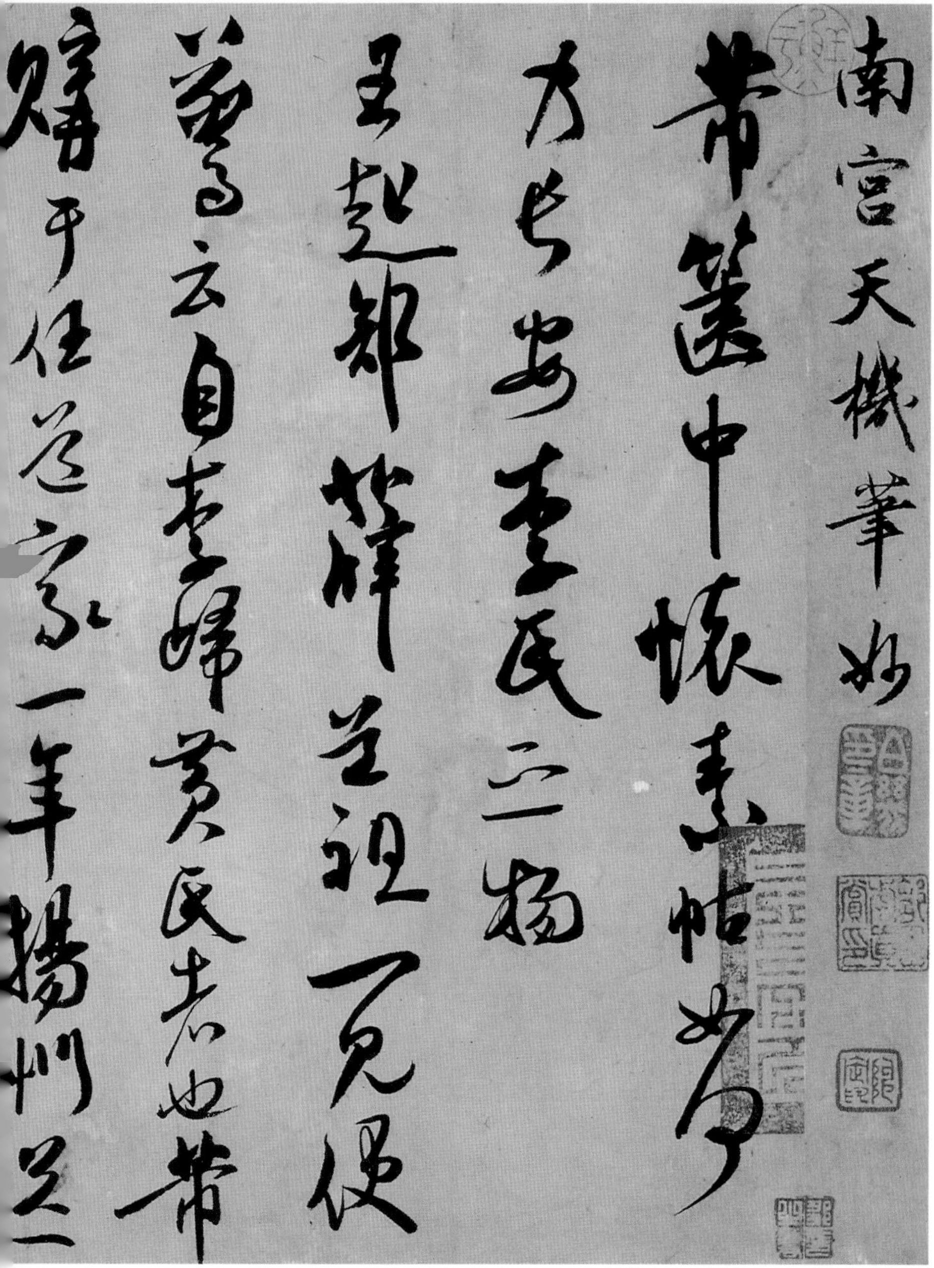

南宮天機筆妙

帶篋中帳素帖妙了

方兮安至民三物

呈起郊薛至祖一瓦便

薑云自書婦賣民去也帶

嬪于任兄家一年揚州呈一

搗練圖

徽宗

瑞鶴圖（局部）　北宋　徽宗
長卷　絹本・設色　51×138cm
遼寧省博物館藏

聽琴圖　北宋　徽宗
立軸　絹本・設色　51×147cm
北京・故宮博物院藏

　　宋徽宗是北宋的亡國皇帝，歷史悲
劇的主角，也是最失敗的皇帝。可是，
宋徽宗當政時，提倡藝術，設立畫院，
鼓勵畫家創作，自己也精研藝術，不
但製造宋朝繪畫的燦爛史頁，也讓後
人享受無窮盡的藝術光輝。

　　宋徽宗是宋神宗的第十一個兒子，
當他幼年當王子的時侯就喜歡繪畫，
正式登上皇帝的寶座，不但設畫院廣
招藝術家，調弄丹青的時間大概比過
問政事的時間要多。宋徽宗當皇帝共
二十五年，他以一國之主的身分，一
直努力從事藝術活動，自己不但在作
畫上是極出色的畫家，對畫家的竭力
獎勵，其功更不可沒。

設立畫院，以畫取士

　　宋徽宗登極之後，就下決心設立翰
林圖畫院，畫院學生的考試法也模仿
進士科舉制度，以古詩命題作畫。當
時的試題，可舉數例，以見一斑。

　　一：對「野水無人渡，孤舟盡日橫」
這個試題，很多人畫河邊的舟靠在岸
邊，鷺鷥鳥立在舷間，一片寒江景致。
但第一名則在舟尾畫一船夫，無聊把
竹篙插在水中，自己吹著一橫笛，藉
以表現雖有船，却無渡船人，江邊空
無人。

　　二：對「竹鎖橋邊賣酒家」這個試
題，大部分的人都照著詩句景色畫出

山禽矜逸態
梅粉弄輕柔
已有丹青約
千秋指白頭

宣和殿御製并書二

蠟梅山禽圖　北宋　徽宗
立軸　絹本・設色　53.3×83.3cm
台北・故宮博物院藏

來，而對酒家並沒有下過任何功夫。只有一位畫竹林橋頭外面掛著帘布，上面寫著「酒」字，以暗示有酒家。「繪事發微」說，這個位考生就是李唐。

三：對「踏花歸去馬蹄香」這個試題，本來不是用畫形容得出來的，但有些善畫者卻畫出幾隻蝴蝶飛逐在馬後，藉以表現春天馬兒蹄跑，蝶飛花香的大地之美。

四：「嫩綠枝頭紅一點，動人春色不須多」這道題目，很多人都在嫩綠樹葉紅花上妝點春色，這類畫都沒有入選。只有一位畫出樓亭縹緲，綠樹掩映處，一位美人憑欄站立的樣子。很多畫家見了莫不敬服，問他是哪來的靈感，他說以前唐明皇賞千葉蓮花時，指著妃子問左右的人說：「何如此解語花？」當時有所謂：「上宮春色，四時在目」的故事，這位畫家便是運用這句話來作畫。

徽宗畫院的「以畫取士」，每次的試題全由徽宗親自命題，由於其才華高超，所出的試題意境含蓄，耐人尋味。

徽宗把天下對畫藝有才華的聚集一起，使全國藝術人才獲得抬頭機會，同時根據各人的稟賦素養，分別給予不同的官銜：待詔、祗候、畫學士、學生、供奉，並賜以緋紫色的官服，佩戴魚袋，有的還賜給金帶，使畫家

們能專心研究畫藝，大家共同奮發淬礪，各盡所長。所以中國繪畫有宋一代，由於人為的因素，終於展開了燦爛的光輝局面。

觀察入微──寫生

徽宗提倡繪畫，主張力求創造性、深刻動人的表現主題，要求形象真實而有藝術色彩氣氛。這些畫都要經過畫院中的主事人和徽宗本人的評定，嚴格的考試制度和衡量標準，嚴肅的態度直接影響院內外的畫風，而「院體畫」的內容跟形式也達到謹嚴熟練的境界。

徽宗作畫最講究真實性跟精神性。有一次宣和殿前的荔枝結實，荔枝是南方的產物，在當時的汴京不容易看見，徽宗也在那裡欣賞，恰巧一隻孔雀展翅舉足踏上土墩，徽宗看見了，連忙要畫家把一刹那間的美麗景象畫下來。大家都在努力描寫孔雀的美麗姿色和動態。不料畫成之後，徽宗都不滿意，隨後降旨說：「孔雀登高，一定先舉左足，而你們所畫的，全沒注意到」。這個故事證明徽宗不但觀察入微，他處處設法引起畫院畫家多作觀察。

形神意深──創造

在他的宮苑中養了很多珍奇花鳥。

鸜鵒圖（局部）
北宋　徽宗

鸜鵒圖
北宋　徽宗
立軸　紙本・水墨
53×88.2cm
南京博物院藏

有一次宮殿飛來幾百隻白鶴，那白鶴飛舞的美姿，引起了他的靈感，就一口氣畫了一張「瑞鶴圖」，群鶴飛鳴，姿態極盡維妙維肖。他也注重寫生，流傳下來的鸚鵡，神采奕奕，與真物並無二樣。

徽宗親身導引畫院畫家創作，他重視符合自然的真實。而他本人一雙慧眼中的宇宙萬物，無不充滿了蓬勃的生氣，他作畫不落前人窠臼，形神兼備，詩情畫意取之不盡，用之不竭，把詩書畫融為一體，筆精墨妙，成就非凡。

詩書畫造詣・花鳥畫最高

徽宗的「瘦金體」書法，跟畫極其相配，它也是在中國書法藝術上占極重要一環。有人形容，徽宗的書如畫蘭，如寫燈，妍麗清秀，婀娜多姿。又如身入瑤池宮中，目睹霓裳羽衣，翩翩飛舞，美得使人醺然欲醉。這種瘦金體，筆畫瘦削而挺長，鋒芒畢露，遒勁飄逸。

正如「書史會要」所說：「筆法逸勁，意度天成，非可以陳迹求也。」有人認為宋徽宗的書法所以如此成一特殊格局，它的瘦金體跟花鳥畫趣味

鸜鹆飛争翅蹴莆急離枝
上自火枡宫情苦果道松
理何事助至囬減遂活
秀咧～噪枝頭想像偽傳
良霰秋论法悲千載下
童謡早應出乾侯
庚辰春御題

極相同。花鳥畫要用鋒長而細的筆，徽宗擅長翎毛花鳥，畫好後順便題款，久而久之字體變為瘦散，寫多了自然而成為風格別致的瘦金體。

徽宗留下來的書法並不多。故宮博物院所藏的「宣和詩卷」，畫卷上詩句：「穠芳依翠萼，煥爛一庭中。零露霑如醉，殘霞照似融。丹青難下筆，造化獨留功。舞蝶迷香徑，翩翩逐晚風。」末題宣和毅御製。後面有陳邦彥的題跋：「宣和書畫，超軼古今，此卷以畫法作書，脫去筆墨畦逕，行間如幽蘭叢竹，泠泠作風雨聲，真神品也。」這幅詩卷徽宗用筆之精，無與倫比。

花鳥寫生，精妙絕倫

在繪畫方面，徽宗是一位多才多藝的藝術家，山水、花鳥、人物無所不畫，無所不精，尤其是花鳥畫更是精妙絕倫。故宮博物院所藏「紅蓼白鵝圖」、「蠟梅山禽圖」、「池塘晚秋圖卷」、「桃鳩圖」都是佳構。

日本人非常喜愛徽宗的作品，「桃鳩圖」是一幅絹本的小品花鳥，斑鳩的羽毛與桃花的花瓣，至今仍然非常

柳鴉蘆雁圖　北宋　徽宗
長卷　紙本・水墨　34×223.2cm
上海博物館藏

鮮艷，尤其是眼睛用生漆點成，神采奕然，歷千年不褪色。

藏在故宮的「鸜鵒圖」，畫一枝結實的松枝，三隻鸜鵒，正在搏鬥，有兩隻張翅舉爪啄鬥著，被啄掉的羽毛順風飛舞，可以想見牠們決鬥之激烈，在徽宗的筆下畫來，真是神妙之至。

他還有一手卷「金英秋禽圖」，是畫兩隻喜鵲與一些錦雞，地下鋪著秋天花草，構圖很別致，意境自然。徽宗的花鳥畫，筆法流暢，線條優美，神韻靈活，構圖優美。

董逌說：「寓物賦形，隨意以得，筆驅造化，發於毫端，萬物各得全其真理。」「廣川畫跋」上也說：「體會入微，維妙維肖，對於鳥的心理感情，刻畫深刻。」由此可以明白徽宗的花鳥畫評價之高了。

秋山圖，遠近山巒起伏

在山水畫方面，雖然不能跟花鳥畫比較，但從留下來珍品也可看出有相當高的造詣。「雪江歸棹圖」，據王世貞說：「宣和主人，花鳥雁行黃易，不以山水人物名世，而此圖遂超丹青蹊徑，直闖古承堂奧，亦不讓郭河中，

宋復古。」

故宮博物院所藏「溪山秋色圖」，畫的是一片深秋景致，寒烟漾漾，籠罩著村舍，遠處的寺院孤立在煙霧中，遠景山巒起伏，飛泉可見。這幅畫把秋天景色畫得絕妙之至。

他另外一幅「風雨山水」，以別開生面的表現了大自然雄偉壯麗的一面，畫面以迎面而來的暴風雨，樹木搖撼，衣服飄揚，一股山雨之聲如在眼前的眞實景象在畫幅裏溢了出來，動人心弦。

搗練圖，人物雍容華貴

人物畫宋徽宗的手筆有唐人風範，像「搗練圖卷」（現存美國波士頓美術館），人物造形有張萱趣味，他們注意人物的雍容華貴，筆法流暢自然。

元朝湯垕所著的「畫鑑」裏也說：「徽宗自畫夢遊化城圖，人物如半小指，屢數千人，城廓宮室，麾幢鼓樂，仙嬪眞宰，雲霞樹石，禽畜龍馬，凡天地間所有之物，色色俱備，爲工甚至，眞奇物也」。在現存宋徽宗作品看來，他的人物畫神采奕奕，儀態萬千。

詩詞方面，流露文筆遠不如畫方面華美，甚至在隱約間傾訴哀感頑艷。

像「北行見杏花」：「裁剪冰綃，輕疊數重，淡著燕脂勻注，新樣靚妝，艷溢香融，羞殺蕊珠宮女，易得凋零，

更多少，無情風雨，愁苦，間院落悽涼。幾番春暮，憑寄離恨重重，者雙燕何會，會人言語。天遙地遠，萬水千山，知他故宮何處，怎不思量，除夢裏有時曾去，無據，和夢也新來不做。」

這首詞是徽宗覊留北地所作，意境悲絕，離恨重重，無法寄達，去國萬里，怎不做夢呢？但做夢也無補於事實，近日索性夢也不做了。這是何等的口吻。

清明上河圖

張擇端

「清明上河圖」北宋開封市景

「清明上河圖」描繪北宋都城汴梁（開封）市民「太平日久，人物繁複，垂髫之童，但習鼓舞，斑白之老，不識干戈」（見「東京夢華錄」）的富庶生活。

描繪「清明節」還是「清明坊」？

過去一致認定「清明上河圖」是描繪汴梁城清明這天的市集，汴河一帶初春的市井風尚生活動態。

後來有人發現畫中的人，有手搖蒲扇，有賣西瓜，有送炭進城……這些情況都不是清明時節可以看得見，而是汴城的街坊，就是所謂「清明坊」。

也有認為不是描繪「清明時節」，也不是「清明坊」，而是「太平盛世」的歌頌，張擇端是北宋宮廷畫家，以汴京一帶景物，即太平盛世，生活繁華的寫照。

多版本「清明上河圖」

「清明上河圖」是長卷橫幅，張擇端以後出現很多版本，台北故宮也有一長卷摹本，但以北京故宮張擇端最引人入勝，此卷以汴河為主線，條理而不紊，反映當時社會階層的生活秩序，畫卷從寧靜郊外畫到汴河碼頭，接著橫跨的虹橋，通過橋頭到城內，最後結束於最繁華的市區街衢。

清明上河圖（局部）　北宋　張擇端

清明上河圖（局部）　北宋　張擇端
長卷　絹本・設色　24.8×528.7cm
北京・故宮博物院藏

P148・149

清明上河圖（局部）
北宋　張擇端

清明上河圖（局部）
北宋　張擇端

四喜圖

趙昌

四喜圖（局部）　北宋　趙昌

四喜圖　北宋　趙昌
立軸　絹本‧設色　60.4×122.8cm
台北‧故宮博物院藏

趙昌，字昌之，四川劍南人，擅長花鳥畫，尤其對描繪對象寫生，極盡神妙與意趣兼得。善寫生折枝花卉，自稱「寫生趙昌」。

「四喜圖」春來了

台北故宮博物院藏「四喜圖」，梅花、山茶在寒雪中開放，喜鵲、繡眼、桑鳲在梅竹間跳躍。

寒冬積雪將退，梅花山茶也開始綻放，春意漸近，耐過冬寒的鳥兒，怎耐得住寂寞不鼓噪才怪。

「四喜圖」其實也是「春來了」。

「寫生蛺蝶圖」的野花蟲蝶

北京故宮博物院藏「寫生蛺蝶圖」，以寫生花草、蝴蝶，野生花草很多用雙鉤工筆畫法，色彩淡雅、形象精確、風格清秀，在北宋花卉中獨具新貌。

趙昌初師滕昌祐，後來其藝超過老師，他重視實地觀察與寫生，他的畫風特點是設色明潤，筆跡柔美，作到形似逼眞，亦能傳神。

畫史說趙昌「專尙設色」、「不重情趣」，不同於黃筌，也不跟隨崔白。

跟徐熙相提並論

蘇軾很喜歡趙昌的畫，曾在「題趙昌畫山茶圖」上題道：「何須跨落墨，獨賞江南士」。落墨指徐熙的落墨牡丹，把他跟徐熙相提並論。

青巖出菜甲
托滋化為蝶二
己巳復羽生
減遲交瞳逮
栩飄秋煙迷
蛙貼霞景煉
為長生術金
丹了無涉
乾隆己未仲秋
御題

寒雀圖

崔白

竹鷗圖（局部） 北宋 崔白

竹鷗圖 北宋 崔白
立軸 絹本・設色 49.9×101.3cm
台北・故宮博物院藏

北宋畫院崔白筆下的花鳥，極盡生動意趣之妙，他傳下來幾件精作，都是寫生花鳥精典之作。

台北故宮博物院的「竹鷗圖」、「雙喜圖」、北京故宮博物院「寒雀圖」長卷，這三幅：

「竹鷗圖」風中溪中鷺鷥

秋來了，北風輕吹，竹葉翻白飛舞，河邊的水草也跟著舞動，白鷗在水邊找食，迎面吹來朔風。這幅畫充滿動態美感。

「雙喜圖」上的山兔、山鵲

「雙喜圖」，畫山兔蹲在地上，仰頭望著山鵲。山鵲一隻在空中飛躍，一隻棲在枝上，振翅引頸，山野鳥禽生活姿態，在筆墨變化之下栩栩如生。

「寒雀圖」卷的麻雀

此長卷畫九隻姿態不同的寒雀，飛鳴跳躍於枯樹間，牠們表情互異，有鳴叫、有飛翔、有整理羽毛、有發呆、有仰頭、有欲飛、有下望……每隻意趣萬態，自然鮮活，如看到多天枯樹上的實際寒雀。

崔白的畫工筆寫意並用，他是北宋濠梁人，字子西，對花、竹、翎毛、荷、兔、雁都擅長。另台北故宮「秋浦蓉賓」、「枇杷孔雀」也是值得細細品味名作。

雙喜圖　北宋　崔白
立軸　絹本・設色　103.4×193.7cm
台北・故宮博物院藏

寒雀圖（局部）　北宋　崔白
長卷　絹本・水墨設色　30×69.5cm
北京・故宮博物院藏

寒雀圖（局部）　北宋　崔白

秋浦蓉賓圖　北宋　崔白

立軸　絹本・設色　95.5×149.1cm
台北・故宮博物院藏

免冑圖

李公麟

麗人行（局部）　北宋　李公麟

李公麟，字伯時，號龍眠居士，安徽省舒城人，他是北宋的名畫家，對於人物、佛道、山水，無一不精，尤其擅長畫馬，而他所畫的馬却是以觀察和寫生爲基礎的。

葉夢得說：「李伯時初喜畫馬，曹、韓以來所未有也。曹輔爲太僕少卿，太僕視他卿寺有廄舍，國馬皆在其中，伯時每過去，必終日縱觀，有不暇與客語者。」

又「宣和畫譜」上記載他的「五馬圖」，曾說：「嘗寫騏驥院御馬，如西域于闐所貢好頭赤、錦膊驄之類，寫貌至多，至圉人懇請，恐並爲神物取去。」

北宋山水畫家講究筆趣墨妙

北宋很多山水畫家，受五代禪宗影響，喜作道釋人物，他們以水墨寫道釋人物，除了形象之外，也講究筆趣墨妙，因此打開了道釋人物白描之風氣，而李公麟就是復興「白描」畫法的首領人物，談他的畫就不能不提他的這一點造詣。

最初他以畫馬而聞名，可與韓幹相比。後來轉而爲描繪佛像及其他人物畫，好古博學，曾作「華嚴經八十卷」，但是沒有畫完，即因病逝世。遺作頗爲世人所尊重，宣和年間，其畫價值幾乎與吳道子相等。

「白描」見長筆墨線條作輪廓

他的畫全以「白描」見長，以筆墨線條作輪廓，掃去粉黛，淡筆輕墨，高雅超群，如幽人勝士，褐衣草履，不假袞繡蟬冕爲重。

「五馬圖卷」是他的眞蹟。這裏所刊的是此圖卷的部分畫面：一個人物與一匹駿馬，沒有着上重重的色彩，只以素簡線條作白描，鈎勒準確簡捷，這是須具有洗練成熟的技巧始能表現出來的。這是他的一幅典型的白描作品，亦爲宋畫的代表作之一。他與其他很多北宋末期的文人及貴族同樣地開拓新境地，超越了畫院的一貫水準，使院體畫爲之革新。

「五馬圖卷」的畫面空白處，還有很多收藏及鑑賞者的圖章，由此可見李公麟這一件作品的珍貴了。

「五馬圖卷」附曾紆跋文

「五馬圖卷」卷末又附有一篇很有名的曾紆跋文：「余元祐庚午歲，以方聞科應詔來京師，見魯直九丈于酺池寺，魯直方爲張仲謨篆題李伯時畫天馬圖。魯直謂余曰：異哉！伯時貌天廄滿川花，放筆而馬殂矣，然神穎精魄，皆爲伯時筆端取之而去，實古今異事，當作數語記之。後十四年，當崇寧癸未，余以黨人貶零陵，魯直亦除籍徙宜州，過余瀟湘江上，因爲

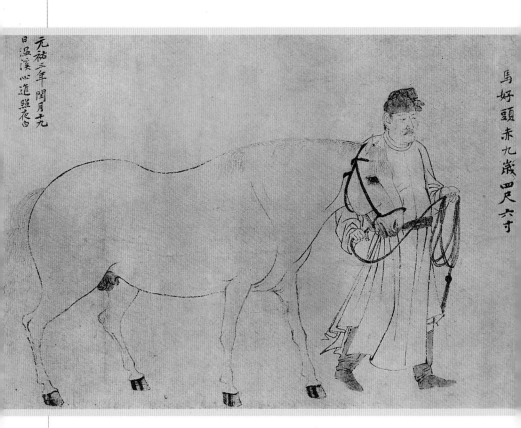

徐靖國、朱彥明，道伯時畫殺滿川花事，云此公卷所親見。余曰：九丈當踐前言記之。魯直笑云：只少此一件罪過。後二年，魯直死貶所。又廿七年，余將漕二浙，當紹興轟亥至嘉禾，與梁仲謨、吳德素、張元覽，泛舟訪劉延仲于眞如寺，延仲遞出是圖，開卷錯愕，宛然疇昔，拊事念往，逾四十年，憂患餘生，巋然獨在，徬徨弔影，殆若異身也，因詳敍本末，不特使來者知伯時一段異事，亦魯直遺

意，且以玉軸遺延仲，俾重加裝飾云。空青曾紆公卷書。」

「五馬圖卷」用墨筆單線勾勒

「五馬圖卷」是以對馬的觀察和寫生做基礎，當時的太僕少卿曹輔有馬厩，名駒駿騎都在那兒，李公麟每藉詞拜訪，終日至馬厩縱觀，不暇與客語，可見他對物象觀察的認眞。

「五馬圖卷」現存日本，每匹馬的前面各有奚官一人牽掣，後面有黃山

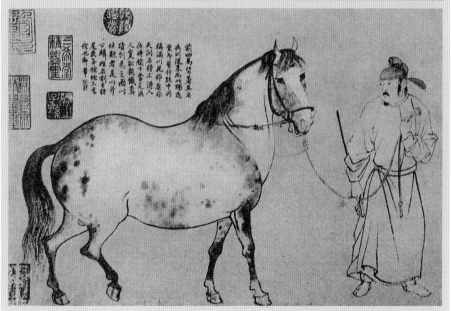

谷題着馬的名稱、年歲、尺寸，都是
用墨筆單線勾勒，人馬十分生動。特
別是馬的整個外形輪廓，那流利而又
含蓄的線條，使我們感覺出馬的肥
瘦，身體的光澤，沒法不令人佩服。

「免冑圖」寫郭子儀見回紇故事

李公麟另一幅傑作「免冑圖」,是紙本白描手卷,根據唐代郭子儀涇陽免冑見回紇的故事繪成。唐永泰年間,吐蕃勾引回紇聚兵三十餘萬,企圖進犯中原,當時郭子儀屯兵涇陽,人數不多,大有寡不敵眾之勢。

郭子儀明知打硬仗不行,決定以威德說服回紇。於是脫去盔甲,只帶了十名衛兵,去見回紇,果然使對方驚訝悅服,結果結歡誓好,合兵大破吐蕃,不止挽救了當時的危局,而且得機平定邊患,這是一件具有重大意義的歷史眞實故事。

子儀誠喻蜀
羅欽服吾於
握手中形之
公輝妙貴行

「免冑圖」的右部畫着回紇軍奔騰蜂擁而來，塵土飛揚，意味着無數的人馬。中間部分寫出郭子儀與回紇將領會見情形，郭子儀頭裹角巾，態度雍穆，面帶笑容，使對方無限驚訝，不禁俯首悅服。左部畫着郭子儀的侍從乘騎。整幅畫的構圖，含蓄與誇張的手法相結合，寓意無窮，頗具匠心。爲一張自足千秋的傑作。

李公麟自己繪作的畫，用南唐後主所製的澄心堂紙來畫，但臨摹古畫則用絹素，並且着色。

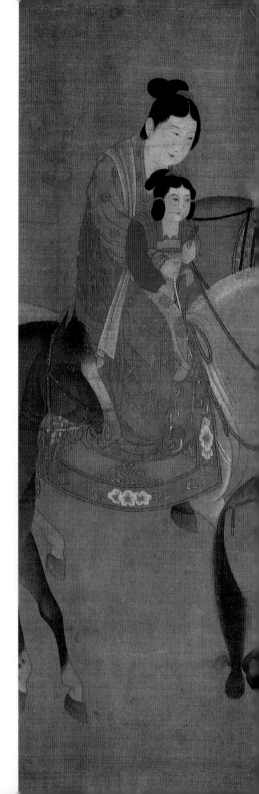

麗人行（局部）　北宋　李公麟
長卷　絹本・設色　33.4×112.6cm
台北・故宮博物院藏

單描以外華麗世界

　　李公麟創造的「單描」，像「五馬
圖」、「免冑圖」、「九歌圖」，這種本
來祇是畫人起稿用的單色單線勾描，
李公麟也能創造出留傳畫史名作，當
然他的功力是讓人折服。

　　這種繪畫的「變法」，是王安石當年
的改革作法，讓他在詩文繪畫上得到
啓發。

　　李公麟中選進士那年，正是王安石
變法那年，王安石第二次罷官後回到
金陵（現南京），他倆以詩文相投，思
想又以革新觀念接近，李公麟曾在王
安石居宅畫過王安石肖像壁畫，還畫
了「王荊公騎驢圖」、「王安石定林蕭
散圖」。王安石死後，李公麟也畫過
「王荊公游鍾山圖」，都是以單描單
勾，給罷官回鄉的臣子心靈上慰藉。

　　事實上「免冑圖」是描寫李公麟和
王安石心儀偉人唐朝郭子儀，爲統一
大業，單騎回紇可汗，結果聯合回紇
平定叛亂的故事。

麗人行——繡羅衣裳照暮春

　　台北故宮博物院藏一幅李公麟「麗
人行」，那是他單描世界外另一番華
麗，這有唐張萱「虢國夫人遊春圖」
的意趣，而李公麟版的「麗人行」，設
色華麗，人物優美，此圖取杜甫「麗
人行」之詩，描寫「肌理細膩骨肉行，
繡羅衣裳照暮春」之景。

臨韋偃牧放圖（局部）　北宋　李公麟
長卷　紙本・水墨設色

將軍弟子書與韓
注、畫馬送人古一王
價值千金驟攻駒
富牧佁曾傳伯時
奉勅孝粉本神
讀重似見韋偃徐
惟畫肉杜老些獨
於嶇也等貶損薄
言駉者鶹緗張欽
秣遠性力乃強勧
埋月朕固無鼓巿
不少驊駣藏促養
其駿秉玄駑駑多
駿鮮非良圓奐容

江山秋色圖

趙伯駒

趙伯駒作「江山秋色圖」，此圖描寫秀麗的山川，巍峨的山景，構成多變而景致優美山水畫橫幅長卷。

此圖山川遼闊，重巒叠嶂，溪流蜿蜒，叢竹松林散落平野。其間點綴橋梁、棧道、人物。

散點透視法

此圖布局用傳統的「散點透視」法將高遠、平遠和深遠適當結合起來，以「奇偉壯麗、深邃空靈」在多變化中有和諧感覺。

山石小斧劈法

山石皴法以「小斧劈」為主，此法在南宋山水畫法中常見，以表現高山峻嶺的石山，造成險峻又清秀效果。

色彩濃重、飽和，凝重帶些亮麗。

萬壑松風圖

李唐

仙巖採藥　南宋　李唐
團扇　絹本・設色　22.4×23.8cm
台北・故宮博物院藏

李唐，字晞古，河陽三城人。徽宗朝曾補入畫院，建炎年間與馬遠、夏珪同爲畫院待詔，得到太尉邵宏淵推薦，奉旨授成忠郎，賜金帶。

南渡後李唐難得入宋高宗的紹興書院，但他的「採薇圖」上宋杞寫的題跋，却道出他南渡後流落杭州情形：

「余少時見鄉里七八十老人猶能道古語，謂唐初至杭，無知之者，貨楮畫以自治，困日甚。有中使識其筆，曰待詔之作也。唐因投謁中使，奏聞，唐畫杭人即貴之。唐嘗曰：『雲裡煙村雨裡灘，看之容易作之難，早知不入時人眼，多買胭脂畫牡丹』。可概見矣。」

由「雲裡煙村雨裡灘，看之容易作之難」，這兩句詩足以證明李唐的山水畫最重視的正是像雲雨一樣的水蒸氣現象的表現了。

萬壑松風圖（局部） 南宋 李唐
萬壑松風圖 南宋 李唐
立軸 絹本・水墨 139.8×188.7cm
台北・故宮博物院藏

「萬壑松風圖」如削的巖壁聳立

李唐的「萬壑松風圖」，雖然不像「峽谷圖」那樣有深濃的煙霞描寫，但畫面中央有如削的巖壁聳立，其左右又有大小山巖鬱盤，因此這也是山中之景。蒼松點綴崖邊，濺瀑流入巖間，遠處則有巍峨巖山隱現於雲煙之間。

這幅畫的構圖方式，也是以瀑布由畫面中央的白雲邊流出來，又流入左下方的絕澗去的運動做中心的。而彷彿同流水運動相和那樣，由中景到前

景的松樹聳立，令觀者依稀聽見吹過樹梢之間的松風，是同溪聲打成一片了。堅硬巖石的形質亦與「峽谷圖」同樣用斧劈皴畫出來，這就使由中景到前景的空間深度變成不可動搖了。

故宮現存的「萬壑松風圖」，是他在宣和甲辰年所作。峻壑之中，萬松挺翠，石如積鐵，以若噴珠，畫面上那股沉鬱凝重的形，老辣神奇之筆，使人看得神驚目眩。

「採薇圖」上宋杞的題跋

「採薇圖」據宋杞的跋說，是李唐畫來箴規南渡時的降臣的。場面是夏日的一刻，伯夷叔齊兩兄弟坐在山中的平坦一角歇息閒談，前面放著盛薇蕨的筐子，還有採薇用的鷹嘴鉤，兩人的對話動作便是這一幅畫的中心。對這個主要運動來說，前景的向右傾的粗松幹，左方是向左的闊葉樹，伯夷叔齊的那一棵中景的松樹，全部都是爲了強調兩人的運動而故意傾向斜方向的。

濠濮秋水圖（局部）　南宋　李唐
長卷　絹本・設色　全畫28.5×114.5cm
天津市藝術博物館藏

濠濮秋水圖（局部）　南宋　李唐

這種強調法同畫山中邊景的方式，都是李唐山水畫的特色。畫小的幹，尤其是樹左方的闊葉的描寫是用粗線條，但並非畫出樹葉輪廓，而是想同樹葉的陰影一起表現出空間的平面來，這種手法和斧劈皴的面的效果一樣，兩者都是後來由馬遠、夏珪來繼承的。

金風送爽的「濠濮秋水圖」

天津市藝術博物館藏「濠濮圖卷」，是李唐畫安徽鳳陽縣濠水、濮水所謂「鳳陽二水」秋天天氣轉涼，樹葉開始變色的怡人氣候。

李唐山水畫，山石都愛用斧劈皴，表現山石的堅硬，他的此一手法，溥心畬、江兆申生前都要求學生多領悟多思索典範之作。此畫有明畫家范允臨在卷尾題：「觀此圖，林木蓊翳，山川浩淼，展閱一遍，怳令人神游其間。……」

183

江山小景（局部）　南宋　李唐

「觀瀑圖」畫面想表達運動方向

　　李唐的「觀瀑圖」是峭立的巖石佔滿整個畫面，一直畫到山腰一帶，山頂的邊則被截去，左方的山背後只露出天空的一部分。

　　這個中景結構是和宋徽宗的「冬景山水圖」同樣的。由山背後出來的瀑布，又流到前面的大溪澗裡。畫面想表達的運動方向，正是洶湧由中景流向前景瀑布方向。

　　對畫面的這種由深向前景的展開運動，又有左右兩旁的落葉枯樹，按照遠近向水伸枝，彷彿給瀑布運動伴奏一般。描寫巖山形質的大斧劈皴法，既能同這種堅硬的巖質調和，又能襯托出流水水勢的動蕩。

　　據畫史說，李唐「山水用大斧劈，而帶有披麻頭。以水筆作人物屋宇，亦描畫整然。畫水尤得其勢，與衆不同，南渡以來，推爲獨步，自成家數」。特別是關於他的水流描寫，「格古要論」曾評爲「水不用魚鱗縠紋，有盤渦動蕩之勢。觀者神驚目眩，此甚妙也。」

江山小景（局部）　南宋　李唐
長卷　絹本・設色　全畫49.7×186.7cm
台北・故宮博物院藏

山徑春行圖

馬遠

相逢幸遇佳時節
月下花前且把盃

月下把盃圖　南宋　馬遠
冊頁　絹本・設色　25.7×28cm

馬遠跟夏珪是中國山水的革新者。馬遠在結構上開拓了清新的一面，夏珪在筆法上偏重於蒼勁，他們倆一致都在發揮水墨技法的特長。

馬遠字欽山，原籍河中人，是宋光宗和寧宗兩朝的畫院「待詔」。他遺留下來的作品計有：「踏歌圖」、「梅石溪鳧圖」、「雪灘雙鷺圖」、「山徑春行圖」、「秋江漁隱圖」、「華燈侍宴圖」等。

愛用焦墨與水墨並用

他的山水畫最先是學李唐。在用墨方面，愛用焦墨與水墨並用，樹石多用焦墨勾勒，瘦硬如鐵，枝葉則用水墨披拂如柔絲。

山石紋痕，大斧劈皴法，峭拔方硬，氣勢縱橫，景色非常優美。

他愛用平視和遠視去取景，打破以往鳥瞰式的方法。他的山水遠景簡單清淡，中景主題近景凝重精整。他把主題集中而且表現很突出，近景或遠景只是烘托主題而已。馬遠的畫愛把重點放在三角形內，所以馬遠被人取了一個綽號，叫做「馬一角」。

「馬一角」把重點放在三角形內

馬遠的山水常出現人物點綴，而這個人物常常以一位哲人姿態借普通人形象出現，在他作品裡隱約的愛表現

一股強烈的情懷。

像他的「踏歌圖」裡，畫上所畫的不正是寧宗詩題中所謂的「豐年人樂業，壠上踏歌行」？他表現一種愉悅、輕快和安適的感情。畫中的四個人姿態神情都不同，載歌載舞，行在壠岸上的動作與神態刻劃得極精到。

馬遠在這幅畫上，也花了很大的力量來表達自然景物獨特的美感特徵，江南秀麗之美。馬遠還借畫的形賦於詩化，像潺潺的溪水彷彿真讓我們聽到它在奔流，溪旁翠竹、紅梅和老柳樹，剛苗長出嫩綠的新芽，在和風輕吹下，跟遠處山峰相呼應。這些在畫上的形象不僅是單純自然形態，也是詩意生命化的形象。

「山徑春行圖」高士獨行

故宮博物院珍藏馬遠的「山徑春行圖」，那柳岸鳥叫，高士獨行，左上角有他自己題句：「觸袖野花多自舞，避人幽鳥不成啼。」「雪灘雙鷺圖」也是他現存故宮作品，雪崖枯樹，蘆竹寒汀，灘旁畫白鷺四隻，都縮起身子，樣子好像不勝寒冷。他的這一幅畫枯枝蘆竹及水浪，皆用顫筆，渲染極見功力，整幅給人一種靜穆之美。

此幅把古代文人，春光美好時刻，信步走到外面，踏上山徑，整衣拂袖信步前行，文人春遊多麼生動。

山徑春行圖（局部）　南宋　馬遠
冊頁　絹本・水墨淡彩　27.4×43.1cm
台北・故宮博物院藏

觸袖野花多自舞
避人幽鳥不成啼

梅竹山雉圖　南宋　馬遠
團扇　絹本・淡彩　24.1×25.2cm
台北・故宮博物院藏

「梅竹山雉」——氣氛雅致

馬遠字欽山，河中人。世代以畫聞名，後來居住在錢塘。最先是學李唐，工山水、人物、花鳥，獨步畫院。他的畫下筆嚴整，用焦墨作樹石，枝葉夾筆，石多方硬，而以大斧劈帶水墨爲皴。這幅山雉棲於梅竹間，設色淡雅，氣氛雅致，非常令人喜愛。

「倚雲仙杏圖」——如仙人潔淨

馬遠除山水、人物畫外，也精花卉翎毛，「倚雲仙杏圖」是畫杏花一枝，花兒盛開，含苞、怒放各形各樣，形容最美杏花爲「仙杏」，如仙人的潔淨純白。此畫的右上角有題：「迎風呈巧媚，浥露逞紅妍」。款「臣馬遠」。鈐「坤卦」、「楊姓翰墨」二璽。

倚雲仙杏圖　南宋　馬遠
冊頁　絹本・設色　25.8×27.3cm
台北・故宮博物院藏

迎風呈巧媚

挹露逞紅妍

倚松圖 南宋 馬遠
冊頁 紙本・設色 24.6×29.9cm
上海博物館藏

倚松圖（局部） 南宋 馬遠

「倚松圖」──取景奇特

此圖曾著錄「書畫鑑影」，以紙本著
色，不用南宋畫家愛用的絹本，著色
效果不比絹本差，尤爲難得。

此圖畫筆墨精妙，爲傳統藝術的傑
作，這位曾任兩朝畫院待詔，他的山
水愛配些人物，尤其愛畫斜松，松幹、
松針堅硬如鐵。

馬遠的山水，早年師法李唐，落筆
嚴謹，以雄奇簡練見勝。其取景奇特，
精選角度，取捨巧妙，雖簡實繁。

松下閒吟圖　南宋　馬遠
團扇　絹本‧設色　24.5×24.4cm
北京‧故宮博物院藏

踏歌圖　南宋　馬遠
立軸　絹本‧水墨淺設色　111×192.5cm
台北‧故宮博物院藏

「松下閒吟圖」──幹瘦如鐵

　　北京故宮博物院藏，馬遠團扇「松下閒吟圖」，下筆爽利果斷，方硬峭拔，松樹盤曲，幹瘦如鐵。

「踏歌圖」的安和樂利

　　北宋的山水畫構圖，以全景式取景為主，但馬遠「踏歌圖」以剪裁式取獨特之景，再配以小人物，像看到在大自然環境下，子民的生活情態，從畫上題句就知道描寫什麼，「宿雨清畿甸，朝陽麗帝城，豐年人樂業，壠上踏歌行」，這是何等安和樂利的生活境界。

宿雨清畿甸
朝陽麗帝城
豐年人樂業
隴上踏歌行

197

溪山清遠圖

夏珪

夏珪跟馬遠是南宋時代極重要的畫家。夏珪字禹玉，錢塘人，擅畫人物、山水。他雖然是「宋院」出身，卻沒有一般宋院畫家那麼拘謹。饒自然的「山水家法」上說：「夏珪夾筆作樹，梢間有丁香枝，樹葉間有夾筆。人物面目，點鑿為之，衣褶柳梢，間有斷缺，樓閣不用間尺，只信手為之。筆意精密，奇怪突兀，氣韻尤高」。這種看法即有筆、線和墨色變化作風，是水墨畫和白描技術結合運用的結果。

先學李唐，再吸取范寬、米芾

他的山水最先是學李唐，後來吸取了范寬和米芾的技法，自成一格。他的畫法是先用水筆塗抹然後落墨，所以看來水墨渾融，淋漓蒼勁。他的構圖，去繁成簡，以雄奇簡練筆法，畫那重點的景物。

「格古要論」評論說：「夏珪山水，布置、皴法與馬遠同，但其意尚蒼古簡淡，喜用禿筆，樹葉間有夾筆，樓閣不用尺界，信手畫成，突兀奇怪，氣韻尤高。」他長於用墨，所以「西湖誌餘」作者讚美他說：「醞釀墨色，麗如傅染，筆法蒼老，墨汁淋漓。」

「溪山清遠圖卷」

現存故宮的「溪山清遠圖卷」，長達889.1cm，全用斧劈皴法，筆墨清逸，那股雄厚魄力，曠達的胸懷，在國畫中不易一見。

山水布局皴法愛把景物放在一邊，但其意尚蒼古簡淡，愛用禿筆，樹葉間有夾筆，畫樓閣不用界尺，信手而成，突兀奇怪，氣韻尤高。這張「溪山清遠圖卷」是長卷，現藏故宮博物院。筆法蒼老，墨汁淋漓，在簡淡氣氛中，釀造優美氣韻。

他的「西湖柳艇圖」，描寫湖濱一角，村落依水而居，阡陌間楊柳依依，桃花數片，兩人乘著轎遊山，僕役挑著食物在後面跟隨，而作品上半幅煙雲瀰漫，整幅呈現空靈之美。

夏珪在這兒採取迂迴的構圖形式，這種手法跟西洋現代畫家梵谷的構圖極相似，而他把主題景物明顯表達，襯景以省略而把它處理得極富氣氛之美，這可以說是國畫布局之最高峰。

夏珪的藝術，靈活而多樣，有縱橫奔放，精緻秀潤，予人清新爽快之美。

千里江山圖

王希孟

千里江山圖（局部）
南宋　王希孟
長卷　絹本‧設色
全畫51.5×1191.5cm
北京‧故宮博物院藏

　　王希孟「千里江山圖」跟趙伯駒「江山秋色圖」兩幅長卷相比較。同是青綠山水橫幅長卷，這幅設色濃重，顏色較濃較深，看來凝重、深沉。而趙伯駒的用色較沖淡，比較亮麗，陰影多用石青或墨青，亮處多以石綠加赭色，水天處用花青打底再施白粉，造成明暗適中，和諧清雅的效果。

　　王希孟是宋徽宗畫院學生，徽宗非常賞識其才華，經常帶在身邊親授經驗及技法。

咫尺有千里之趣

　　「千里江山圖」以精密的筆法，強烈的色彩，開闊的景致，和豐富的內容，描繪大自然的雄偉壯觀瑰麗，有「咫尺有千里之趣」。

　　這也是中國青綠山水典範之作，石青與青綠色在這幅畫中像是主色調。

千里江山圖（局部）　南宋　王希孟

風雨歸牧圖

李迪

貍奴小影圖（局部）　南宋　李迪

貍奴小影圖　南宋　李迪
冊頁　絹本・設色　23.6×24cm
台北・故宮博物院藏

李迪，河陽（河南孟縣）人，宣和時任職畫院，授成中郎。紹興間復職畫院副使，賜金帶。

他的花鳥竹石，有生趣而具佳趣。

「風雨歸牧圖」的風雨

絹本設色「風雨歸牧圖」，是北宋人物畫與自然生態最佳標杆代表作。

畫上天色微黑，風雨驟起，水波奔湧，柳枝搖曳，疾風迎面追來，二位牧童趕牛回家，風雨把前面牧童，右手扶笠，左手緊挾牛鞭，另位牧童轉身向後，不知如何檢取被風吹落的斗笠。兩位牧童神態、姿勢栩栩如生。

風雨歸牧圖　南宋　李迪
立軸　絹本・設色　102.8×120.7cm
台北・故宮博物院藏

雪中歸牧圖　南宋　李迪
冊頁　絹本・設色　23.5×23.5cm
日本・奈良大和文華館藏

「雪中歸牧圖」的冬雪

他另外有一幅，藏於日本奈良大和文華館的「雪中歸牧圖」，則是畫冬雪下歸牧的情致，如果說「風雨歸牧圖」是動態，「雪中歸牧圖」則是靜態，寒冬積雪無風，牧童提燈，借微許光看路摸索前進。

白芙蓉 南宋 李迪
冊頁 絹本・設色 25.5×25.8cm
日本・國立東京博物館藏

「紅白芙蓉」工筆花卉

李迪對景物觀察深入，表現也極細

緻，另外台北故宮藏「貍奴小影」，以
及東京博物館藏「紅白芙蓉」，則是南

宋工筆花卉代表作。

果熟來禽圖

林椿

果熟來禽圖 南宋 林椿
冊頁 絹本・設色 24×24cm
北京・故宮博物院藏
橙黃橘綠 南宋 林椿
團扇 絹本・設色 24.3×23.8cm
台北・故宮博物院藏

　　林椿在南宋畫家中，以善於佈色著
稱的，元朝夏文彥稱讚他說：「花鳥
翎毛師趙昌，傅色輕淡，深得造化之
妙」（「圖繪寶鑒」）。

「果熟來禽圖」大自然和諧

　　絹本設色，北京故宮藏這幅，設色
絕妙，淡紅色的果實，碧綠色的葉子
和深黃色的小鳥，不但筆觸細膩，色
調對比鮮明，而且表現出花果禽鳥的

葡萄草蟲圖　南宋　林椿
團扇　絹本‧設色　21.4×23.8cm
北京‧故宮博物院藏

大自然和諧之趣。

小品精妙好過大畫

　　此圖以精細觀察，水果豐實圓潤，枝葉正仰反側，小鳥欲起欲飛姿態。

描寫最絕是木葉枯黃殘破，果子被蟲咬過斑痕，都細心畫下來。這雖是小品冊頁，但優美感覺比橫幅或立軸效果還好。

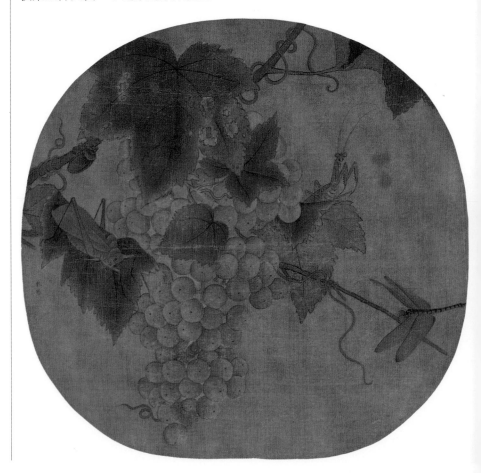

布袋和尙圖 南宋 梁楷
立軸 絹本・水墨設色 24.5×31.3cm

潑墨仙人圖

梁楷

布袋和尚圖（局部）
南宋　梁楷
潑墨仙人圖（局部）
南宋　梁楷
太白行吟圖（局部）
南宋　梁楷

　　兩宋以前，道釋人物畫以貫休與石
恪爲代表，兩宋以後梁楷與法常，取
而代之，尤其是禪宗畫。

梁瘋子的減筆畫

　　梁楷，山東東平人，生平不詳，只
知道他在宋室南遷後流落杭州，曾擔
任寧宗嘉泰畫院的待詔。

　　他是常往還杭州一帶的禪宗僧人，
出入廟宇寺院，深受禪宗思想影響，
生性狂放而嗜酒，自稱「梁瘋子」，最
後離開畫院，也有記載遁入佛門，去
做僧人吃齋念佛。

　　他在繪畫上的最大成就，是在北宋
盛行精緻寫實花鳥時尚時，發展了簡
練豪放的「減筆畫」，從而更深刻表達
了禪宗野逸的精神境界。

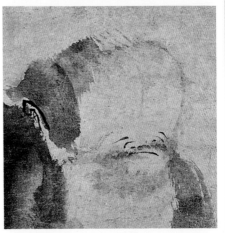

大膽下筆小心整理

　　「布袋和尚圖」，描寫契此和尚，常
帶一大口袋到處行乞，生性滑稽，不
受佛教戒律的束縛，被禪宗作爲理想
的楷模。

　　「太白行吟圖」畫的是唐代「斗酒
百篇」詩仙李白走路吟詩的樣子，如
行雲流水般的性情和行徑，溢於線條
轉折間。

　　「潑墨仙人」，以破筆大膽下筆，再
用細筆小心整理眉宇五官、頭髮和衣
鞋，這幅畫最讓日本人折服與喜愛。

地行不
識名和
尚大以
蠟陽一
洞漆邷
笠隱壺
仙宴罷
淋滴襟
袖尚模
糊夢閣

潑墨仙人圖
南宋　梁楷
冊頁　紙本・水墨　27.7×48.7cm
台北・故宮博物院藏

太白行吟圖
南宋　梁楷
立軸　紙本・水墨
30×80.9cm
日本・國立東京博物館藏

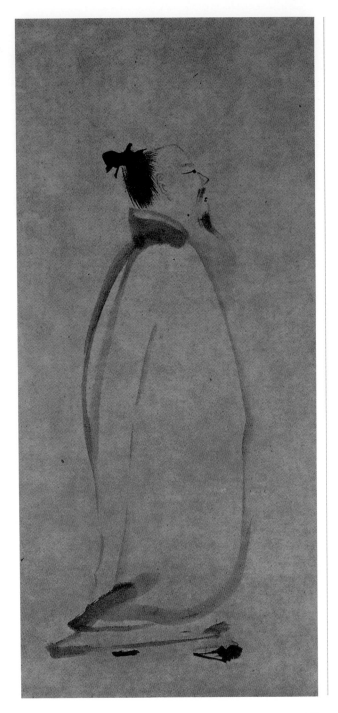

六祖劈竹圖
南宋　梁楷
立軸　紙本・水墨
31.5×72.7cm
日本・國立東京博物館藏

220

雪景山水圖
南宋　梁楷
立軸　紙本・水墨
50.2×111.2cm
日本・國立東京博物館藏

【兩宋名畫精品欣賞】

瓦雀棲枝圖 南宋　佚名
冊頁　絹本・設色
北京・故宮博物院藏

翠竹翎毛圖　宋　佚名
立軸　絹本・設色　109.9×185cm
台北・故宮博物院藏
翠竹翎毛圖（局部）　宋　佚名

翠竹翎毛圖　宋人作

初冬雪降，寒雪中幾枝翠綠竹叢下面蹲著一對雉鳥，竹梢上幾隻小鳥穿梭其間。這幅畫竹葉全用戰筆，收筆則拋鋒眞落。以深綠漬染，葉梢用赭色，白粉彈雪。整幅極其生動。

子母鷄圖　宋　佚名
立軸　絹本・設色

梅竹清影　宋　佚名
册頁　絹本・設色

畫子母鷄　宋人作

　　一隻母鷄引領五隻可愛小鷄，母鷄
毛羽鬆弛，啄地呼哺，五隻小鷄聽到
母鷄叫聲，各有不同反應。整幅畫羽
毛之細緻傳神，一種初生之鷄稚弱之
態，實在傳神極了。

梅竹清影　宋人作

　　宋畫在寫生示例中，即使是一花一
草一葉，也能看出它的神髓巧工，像
這幅册頁，梅枝上白梅，含苞與盛開，
層次分明，配上竹葉，轉折變化，雖
簡單動態感卻很豐富。

秋浦雙鴛圖　惠崇作

　　惠崇專長畫鵝、雁、鷺鷥，尤其對
小品畫匠心獨運。這幅畫描寫一對鴛
鴦，棲息於蓮塘蘆岸旁，圖上荷葉數
片，但顯得比較枯黃，似乎告訴我們，
秋已來了，整幅意境悠閒，清麗絕俗。

秋浦雙鴛圖　北宋　惠崇
冊頁　紙本・淡彩　26.4×27.4cm
台北・故宮博物院藏

秋浦雙鴛圖（局部）　北宋　惠崇

鶉圖 北宋　李安忠
立軸　絹本・設色　24.2×27.6cm
日本・根津美術館藏

鶉圖　李安忠作

　李安忠是南宋院體花鳥代表作家，
也是花鳥畫的高手。這幅以鶉鳥爲主
題的花鳥畫，把鶉鳥畫在土堆上，配
上幾枝小草野花，形象適確，描寫力
很強，有一種堅實的構成力，色彩典
雅，極具神品之美。

籠雀圖　北宋　宋汝志
立軸　絹本・墨畫淡彩　22×22cm
日本・東京國立博物館藏

籠雀圖　宋汝志作

　　這一幅「籠雀圖」是以雀籠爲中心，
點出五隻麻雀吵鬧的畫面。構圖則是
明顯的斜線結構。每隻麻雀的姿態表
情都不同，再藉雀籠不安定的狀態，
更加表現了它的生命感。這是幅精確
的寫生，努力強調主題氣氛的作品。

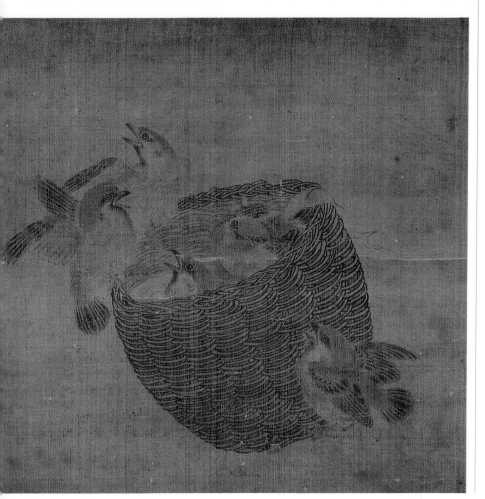

墨竹圖　宋　文同
立軸　絹本・水墨　105.4×131.6cm
台北・故宮博物院藏

風竹圖　北宋　李坡
立軸　絹本・水墨　91.5×131.2cm
台北・故宮博物院藏

墨竹　文同作

文同，梓州（四川梓潼）人，他的墨竹非常有名，大家都稱爲「文湖州竹派」。像這一幅寫垂崖竹一竿，竿如勁弓，竹節互抱，密如接榫，筆力穩健，姿態婀娜。

風竹圖　李坡作

宋朝畫竹大師不少，文同筆墨流暢，姿勢瀟灑，而李坡愛畫有舞動之姿的風竹，像這幅彎曲的竹幹，如韻動的竹葉，爲了強調風竹，連同小坡也鼓動起來。

叭叭鳥圖（局部）　南宋　牧谿
叭叭鳥圖　南宋　牧谿
立軸　紙本・水墨　39×78.5cm
日本・國立東京博物館藏

叭叭（八哥）鳥圖　牧谿作

牧谿是南宋蜀僧，性格爽朗，酷愛喝酒，不問寒暑風雨，一天到晚醉醺醺。他平常酒醉就睡，睡醒不是吟詩就是作畫，愛畫猿鶴蘆雁，山水人物，隨意點墨，不費雕飾。「叭叭鳥圖」，畫八哥鳥立在松幹上，俯首啄羽，松樹老幹，長枝擎空，筆簡墨潤，生動自然，可以說是一件逸品，現藏日本。

花籃圖冊　李嵩作

此圖不知記載何冊，畫上有「李嵩畫」三字的題名，但這是一幅非常精緻美麗的工筆花卉畫，也是成功寫生靜物傑作，雖是冊頁，但氣勢不比大畫差，雖是畫裝在花籃裡的四、五種花朵，花瓣、枝葉都婀娜多姿，層次清晰。

尤其是花籃，編織精細，工巧心細，畫家畫的工夫也一樣巧心巧工。此幅藏於北京故宮博物院。

花籃圖　李嵩作

更巧的是台北故宮博物院，也收藏一幅李嵩「花籃圖」冊頁，花籃裝的花也有四、五樣，紅的山茶、白梅、白水仙、蠟梅、丁香，相映成趣，花籃雖與北京故宮那幅籃式不同，但一樣細工巧手之作，這二幅有人猜是李嵩同時繪成一套「花籃圖」冊頁，但現僅看見北京、台北各擁一幅外，不知其他流落何方。

平疇呼犢圖　宋　佚名
立軸　絹本・設色　51×97cm
台北・故宮博物院藏

平疇呼犢圖（局部）　宋　佚名

平疇呼犢圖　宋人作

　　這幅畫跟崔白「雙喜圖」都是借動
物來寫情。平疇母牛對著犢牛呼叫，
牴犢之情，溢於紙外。

枇杷猿戲圖　南宋　佚名
立軸　絹本・設色　107.9×165cm
台北・故宮博物院藏

枇杷猿戲圖（局部）　宋　佚名

枇杷猿戲圖　宋人作

枇杷樹一株，根幹彎彎曲曲的，一根小枝從右上方垂直而下，一隻猿猴掛在上面，另一隻蹲在主幹上對著掛猴發呆。掛在樹枝上的猿猴好像左右回蕩，輕輕搖動，動物的那股悠閒逸致，好像無任何干擾。這幅畫用墨之精，用筆之穩，用色之雅，確有過人之處。是宋人所作，無款，現藏故宮精品。

山花墨兔圖　宋　佚名
冊頁　絹本・設色　37.5×42cm
台北・故宮博物院藏

新鶯出谷圖　宋　佚名
立軸　絹本・設色　92×137.8cm

山花墨兔圖　宋人作

宋人「山花墨兔圖」是用焦墨塗兔
身，以灰色留出兔身形狀，最精巧是
兔身四周細毛，讓人感覺即使用最難
用焦墨，也感覺兔毛蓬鬆柔軟。

卻坐圖（局部）　宋　佚名
卻坐圖　宋　佚名
立軸　絹本・設色　77×146.8cm
台北・故宮博物院藏

却坐圖　宋人作

漢書爰盎傳記載：「上幸上林，皇后、慎夫人從，其在禁中，常同席坐。及坐，郎署長布席，盎引却慎夫人坐，慎夫人怒不肯坐，上亦怒起。盎因前說曰：臣聞尊卑有序，則上下和。今陛下既已立后。慎夫人乃妾，妾主豈可同坐哉。適所以失尊卑矣。且陛下幸之，即厚賜之，陛下所以爲慎夫人，適所以禍之也。獨不見人彘乎？」這一幅畫即繪此景也。

246

秋庭戲嬰圖（局部）　南宋　蘇漢臣

秋庭戲嬰圖　南宋　蘇漢臣
立軸　絹本‧設色　108.7×197.5cm
台北‧故宮博物院藏

秋庭戲嬰圖　蘇漢臣作

蘇漢臣開封人。宣和畫院待詔。精

工道釋人物，尤其特別喜愛嬰兒。這幅畫童嬰二人，在玩棗作遊戲，姿態可愛，庭院巨石芙蓉，圓凳花叢，非常典雅美緻。

西洋繪畫導覽
克林姆魅力
劉振源 著
藝術圖書公司印行

西洋繪畫導覽
美哉！馬蒂斯
陳錦芳 著　藝術圖書公司印行

西洋繪畫導覽
表現派繪畫
劉振源 著
藝術圖書公司印行

西洋繪畫導覽
立體派繪畫
劉振源 著　藝術圖書公司印行

西洋繪畫導覽
拉飛爾前派
劉振源 著　藝術圖書公司印行

◆西洋繪畫導覽 ⨋1⨌
【印象派繪畫】　　●劉振源 著

◆西洋繪畫導覽 ⨋2⨌
【世紀末繪畫】　　●劉振源 著

◆西洋繪畫導覽 ⨋3⨌
【野獸派繪畫】　　●劉振源 著

「野獸派」真的像野獸嗎？野獸派畫家作品的色彩、線條像野獸般狂野、熱情、有勁。他們重視形和色的表現力，強調主觀，主張綜合和概括。他們說繪畫是純粹美的經驗和表現，因此影響現代裝飾風格。
●本書 6 萬字．260 張彩色名畫．25 開．256 頁．介紹 11 位野獸派畫家與作品。

◆西洋繪畫導覽 ⨋4⨌
【立體派繪畫】　　●劉振源 著

本書包括「立體派」、「未來派」二大單元。立體派如何能使繪畫具有彫刻的立體感呢？如何在平面將肉眼看不到的結構，把自然形體分解為幾何切面，從二度變成三度空間。未來派如何把速度展示在畫面上。
●本書 6 萬字．260 張彩色名畫．256 頁．介紹立體派 6 位．未來派 7 位畫家與作品。

◆西洋繪畫導覽 ⨋5⨌
【表現派繪畫】　　●劉振源 著

「表現派」畫家都在畫苦旦，人生為什麼如此淒苦？第一次大戰後德國畫家為什麼不如巴黎的野獸派，色彩灰沉，造型悲悽，「橋派」、「青騎

士」都是如此。「頹廢派」是病態嗎？也是北歐畫派特色嗎？
●本書 6 萬字．275 張彩色名畫．256 頁．紹頹廢派 4 位．表現派 14 位畫家與作品5

◆西洋繪畫導覽 ⨋6⨌
【拉飛爾前派】　　●劉振源

「拉飛爾前派」距今約150年，過大家說它俗不可耐，現在怎麼說酷得真絕。他們畫中男女，為情為不食人間煙火，有人稱她們為「守天使」也叫「宿命之女」。而維多亞時代及唯美派美術更讓人絕倒
●本書 6 萬字．256 張彩色名畫．25 開．頁．介紹維多利亞、拉飛爾前派、唯美畫英國畫家與名作。

◆西洋繪畫導覽 ⨋9⨌
【近代西洋繪畫】　●何恭上

◆西洋繪畫導覽 ⨋10⨌
【莫內的魅力】　　●洪麟風

◆西洋繪畫導覽 ⨋11⨌
【神哉！畢卡索】　●陳錦芳

◆西洋繪畫導覽 ⨋12⨌
【西洋繪畫史】　　●馮作民

◆西洋繪畫導覽 ⨋13⨌
【美哉！馬蒂斯】　●陳錦芳

如果畢卡索是現代繪畫的變形魔師，那馬蒂斯應該是現代繪畫的彩魔術師，為自己構築色彩繽紛

art BOOK CO.LTD
藝術圖書公司　台北市羅斯福路3段283巷18號
郵撥 0017620 — 0 帳戶　☎：(02)362-0578　FAX：(02)362-3594

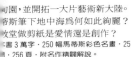

中華藝術導覽❷

兩宋名畫精華

何恭上編著

執行編輯◉	龐靜平	
法律顧問◉	北辰著作權事務所	
◉	蕭雄淋律師	
發 行 人◉	何恭上	
發 行 所◉	藝術圖書公司	
地　　址◉	台北市羅斯福路3段283巷18號	
電　　話◉	(02)362-0578‧(02)362-9769	
傳　　眞◉	(02)362-3594	
郵　　撥◉	郵政劃撥 0017620-0 號帳戶	
南部分社◉	台南市西門路1段223巷10弄26號	
電　　話◉	(06)261-7268	
傳　　眞◉	(06)263-7698	
中部分社◉	台中縣潭子鄉大豐路3段186巷6弄35號	
電　　話◉	(04)534-0234	
傳　　眞◉	(04)533-1186	
登 記 證◉	行政院新聞局台業字第 1035 號	
定　　價◉	450元	
初　　版◉	1996年 9 月30日	

ISBN　957-672-245-4